L'ILIADE
D'HOMÈRE.

CHANT XVIII.

FABRICATION-DES-ARMES.

Ὣς οἱ μὲν μάρναντο	Ainsi ceux-ci combattaient
δέμας πυρὸς αἰθομένοιο·	comme le feu ardent;
Ἀντίλοχος δὲ ἦλθεν	mais Antiloque vint
ἄγγελος ταχὺς πόδας	messager rapide *quant* aux pieds
Ἀχιλῆι.	auprès d'Achille.
Εὗρε δὲ	Or il trouva
προπάροιθε νεῶν ὀρθοκραιράων	devant les vaisseaux à-proue-droite
τὸν, φρονέοντα ἀνὰ θυμὸν	lui (Achille), songeant dans *son* esprit
τὰ ἃ δὴ	aux choses qui déjà
ἦε τετελεσμένα·	étaient accomplies;
ὀχθήσας δὲ ἄρα εἶπε	et ayant donc gémi il (Achille) disait
πρὸς ὃν θυμὸν μεγαλήτορα·	à (en) son cœur magnanime:
« Ὤ μοι ἐγώ,	« Hélas à moi,
τί τε ἄρα αὖτε	pourquoi donc de nouveau
Ἀχαιοὶ καρηκομόωντες	les Achéens chevelus
κλονέονται ἐπὶ νηυσίν,	sont-ils poussés vers *leurs* vaisseaux,
ἀτυζόμενοι πεδίοιο;	fuyant-effrayés *à travers* la plaine?
Μὴ θεοὶ δὴ	Je crains que les dieux certes
τελέωσί μοι	n'aient accompli pour moi
κήδεα κακὰ θυμῷ,	des chagrins funestes dans *mon* cœur,
ὥς ποτε μήτηρ	comme autrefois *ma* mère
διεπέφραδέ μοι,	*le* révéla à moi,
καὶ εἶπέ μοι	et elle dit à moi
τὸν ἄριστον Μυρμιδόνων,	le plus brave des Myrmidons,
ἐμεῖο ζώοντος ἔτι,	moi vivant encore,
λείψειν φάος ἠελίοιο	devoir quitter la lumière du soleil
ὑπὸ χερσὶ Τρώων.	sous les mains des Troyens.
Ἦ ὤλκιμος Μενοιτίου	Le fils courageux de Ménétius

σχέτλιος! ἦ τ' ἐκέλευον, ἀπωσάμενον δήϊον πῦρ,
ἂψ ἐπὶ νῆας ἴμεν, μηδ' Ἕκτορι ἶφι μάχεσθαι. »

Ἕως ὁ ταῦθ' ὥρμαινε κατὰ φρένα καὶ κατὰ θυμόν,
τόφρα οἱ ἐγγύθεν ἦλθεν ἀγαυοῦ Νέστορος υἱός,
δάκρυα θερμὰ χέων, φάτο δ' ἀγγελίην ἀλεγεινήν·

« Ὤ μοι, Πηλέος υἱὲ δαΐφρονος, ἦ μάλα λυγρῆς
πεύσεαι ἀγγελίης, ἣ μὴ ὤφελλε γενέσθαι.
Κεῖται Πάτροκλος· νέκυος δὲ δὴ ἀμφιμάχονται
γυμνοῦ· ἀτὰρ τά γε τεύχε' ἔχει κορυθαίολος Ἕκτωρ. »

Ὡς φάτο· τὸν δ' ἄχεος νεφέλη ἐκάλυψε μέλαινα.
Ἀμφοτέρῃσι δὲ χερσὶν ἑλὼν κόνιν αἰθαλόεσσαν,
χεύατο κὰκ κεφαλῆς, χαρίεν δ' ᾔσχυνε πρόσωπον·
νεκταρέῳ δὲ χιτῶνι μέλαιν' ἀμφίζανε τέφρη.
Αὐτὸς δ' ἐν κονίῃσι μέγας μεγαλωστὶ τανυσθεὶς
κεῖτο, φίλῃσι δὲ χερσὶ κόμην ᾔσχυνε δαΐζων.

succombé! L'infortuné! Je lui avais cependant recommandé de revenir après avoir repoussé les feux ennemis, et de ne point lutter avec Hector. »

Tandis qu'il agite ces pensées dans son esprit et dans son cœur, le fils de l'illustre Nestor s'approche de lui, en versant des larmes brûlantes, et lui annonce la triste nouvelle :

« Hélas ! fils du belliqueux Pélée, tu vas apprendre un affreux malheur, que les dieux auraient dû nous épargner. Patrocle n'est plus; et l'on combat autour de son cadavre dépouillé; car ses armes sont devenues la proie d'Hector au casque étincelant. »

Il dit. Un sombre nuage de douleur enveloppe le héros. Il remplit ses deux mains de la cendre du bois consumé, la répand sur sa tête, et souille son noble visage. La cendre noire s'attache à sa superbe tunique; lui-même, étendu dans la poussière, couvre de son vaste corps un vaste espace; il flétrit sa chevelure qu'il arrache avec ses

ARGUMENT ANALYTIQUE

DU DIX-HUITIÈME CHANT DE L'ILIADE.

Antiloque vient apporter à Achille la nouvelle de la mort de Patrocle. — Douleur profonde d'Achille, dont les gémissements retentissent jusqu'au sein des eaux. — Thétis arrive aussitôt avec les Néréides pour consoler son fils. — Le voyant animé du désir de la vengeance, elle retarde son impatience guerrière et lui promet pour le lendemain une armure fabriquée par Vulcain. — Elle renvole toutes les Néréides et se dirige vers l'Olympe. — Pendant ce temps, le combat se ranime autour des restes de Patrocle. — Hector était déjà maître du cadavre, si, poussé par Junon, Achille n'eût jeté l'épouvante parmi les Troyens. — Aux approches de la nuit, les Grecs enlèvent le cadavre, et le portent dans la tente d'Achille. — Les Troyens se rassemblent pour délibérer. — Polydamas leur conseille de rentrer au sein de la ville et de ne pas s'exposer aux fureurs d'Achille. — Ce sage avis est repoussé par Hector. — Les Troyens veillent en armes pendant toute la nuit. — Les Grecs gémissent sur la mort de Patrocle; ils lavent le corps du héros, et le déposent sur un lit funèbre. — Pendant qu'ils se livrent à ces tristes soins, Thétis arrive au palais de Vulcain. — Accueil bienveillant que Vulcain fait à la déesse. — Vulcain forge pour Achille cet immortel bouclier, dont la description couronne la fin de ce chant.

ΟΜΗΡΟΥ
ΙΛΙΑΔΟΣ
ΡΑΨῼΔΙΑ Σ.

―――

ΟΠΛΟΠΟΙΙΑ.

Ὣς οἱ μὲν μάρναντο δέμας πυρὸς αἰθομένοιο·
Ἀντίλοχος δ' Ἀχιλῆϊ πόδας ταχὺς ἄγγελος ἦλθε.
Τὸν δ' εὗρε προπάροιθε νεῶν ὀρθοκραιράων,
τὰ φρονέοντ' ἀνὰ θυμὸν ἃ δὴ τετελεσμένα ἦεν·
ὀχθήσας δ' ἄρα εἶπε πρὸς ὃν μεγαλήτορα θυμόν· 5

« Ὤ μοι ἐγώ, τί τ' ἄρ' αὖτε καρηκομόωντες Ἀχαιοὶ
νηυσὶν ἔπι κλονέονται, ἀτυζόμενοι πεδίοιο;
Μὴ δή μοι τελέσωσι θεοὶ κακὰ κήδεα θυμῷ,
ὥς ποτέ μοι μήτηρ διεπέφραδε, καί μοι ἔειπε
Μυρμιδόνων τὸν ἄριστον, ἔτι ζώοντος ἐμεῖο, 10
χερσὶν ὕπο Τρώων λείψειν φάος ἠελίοιο.
Ἦ μάλα δὴ τέθνηκε Μενοιτίου ἄλκιμος υἱός·

Pendant qu'ils combattent ainsi, semblables à la flamme ardente, Antiloque arrive, messager rapide, auprès d'Achille; il le trouve devant ses navires recourbés, en proie à la crainte d'un malheur qui déjà s'était accompli. Le héros, en gémissant, se disait en son cœur magnanime :

« Hélas! pourquoi donc les Achéens à la longue chevelure, dispersés dans la plaine, fuient-ils encore avec épouvante vers leurs vaisseaux? Puissent les dieux ne pas accomplir les tristes événements que ma mère me prédit autrefois! Avant ma mort, disait-elle, le plus brave des Myrmidons, dompté par les mains des Troyens, quitterait la lumière du soleil. Ah! sans doute le valeureux fils de Ménétius a déjà

ILIADE, XVIII

ἦ μάλα δὴ τέθνηκε·
σχέτλιος !
Ἦ τε ἐκέλευον,
ἀπωσάμενον πῦρ δήϊον,
ἴμεν ἂψ
ἐπὶ νῆας,
μηδὲ μάχεσθαι ἶφι
Ἕκτορι. »
  Ἕως ὁ ὥρμαινε ταῦτα
κατὰ φρένα καὶ κατὰ θυμόν,
τόφρα
υἱὸς ἀγαυοῦ Νέστορος
ἐλθὼν οἱ ἐγγύθεν,
χέων δάκρυα θερμὰ,
φάτο δὲ ἀγγελίην ἀλεγεινήν·
  « Ὦ μοι,
υἱὲ δαΐφρονος Πηλέος,
πεύσεαι ἀγγελίης
ἦ μάλα λυγρῆς,
ἣ ὤφελλε μὴ γενέσθαι.
Πάτροκλος κεῖται·
ἀμφιμάχονται δὲ δὴ
νέκυος γυμνοῦ·
ἀτὰρ Ἕκτωρ κορυθαίολος
ἔχει τάγε τεύχεα. »
  Φάτο ὣς·
νεφέλη δὲ μέλαινα ἄχεος
ἐκάλυψε τόν.
Ἑλὼν δὲ ἀμφοτέρῃσι χερσὶ
κόνιν αἰθαλόεσσαν,
χεύατο κὰκ κεφαλῆς,
ᾔσχυνε δὲ πρόσωπον χαρίεν·
τέφρη δὲ μέλαινα ἀμφίζανε
χιτῶνι νεκταρέῳ.
Αὐτὸς δὲ μέγας
κεῖτο ἐν κονίῃσι
τανυσθεὶς μεγαλωστὶ,
ᾔσχυνε δὲ κόμην
δαΐζων φίλῃσι χερσί.
Δμωαὶ δὲ,

bien certainement déjà est mort;
infortuné !
Certes j'ordonnais lui,
ayant repoussé le feu ennemi,
venir en arrière (revenir)
vers les vaisseaux,
et ne point combattre par la force
avec Hector. »
  Tandis que lui agitait ces choses
dans son esprit et dans son cœur,
pendant-ce-temps
le fils de l'illustre Nestor
vint à lui tout-près,
versant des larmes chaudes,
et lui dit cette nouvelle pénible:
  « Hélas à moi,
fils du belliqueux Pélée,
tu apprendras une nouvelle
certes tout-à-fait triste,
laquelle aurait dû ne pas arriver.
Patrocle est-gisant;
et déjà ils combattent-autour
du cadavre nu (dépouillé);
car Hector au-casque-varié
a les armes du héros. »
  Il dit ainsi;
et un nuage sombre de douleur
couvrit (enveloppa) lui (Achille).
Et ayant pris de ses deux mains
une poussière noircie-par-la-fumée,
il la versa sur sa tête,
et souilla son visage gracieux;
et la cendre noire s'attacha-autour
de sa tunique divine.
Or lui-même grand
gisait dans la poussière
étendu sur-un-grand-espace,
et souillait sa chevelure
en l'arrachant de ses mains.
Et les esclaves,

Δμωαὶ δ', ἃς Ἀχιλεὺς ληΐσσατο Πάτροκλός τε,
θυμὸν ἀκηχέμεναι μεγάλ' ἴαχον· ἐκ δὲ θύραζε
ἔδραμον ἀμφ' Ἀχιλῆα δαΐφρονα, χερσὶ δὲ πᾶσαι
στήθεα πεπλήγοντο, λύθεν δ' ὑπὸ γυῖα ἑκάστης.
Ἀντίλοχος δ' ἑτέρωθεν ὀδύρετο, δάκρυα λείβων,
χεῖρας ἔχων Ἀχιλῆος (ὁ δ' ἔστενε κυδάλιμον κῆρ)·
δείδιε γὰρ μὴ λαιμὸν ἀποτμήξειε σιδήρῳ.
Σμερδαλέον δ' ᾤμωξεν· ἄκουσε δὲ πότνια μήτηρ,
ἡμένη ἐν βένθεσσιν ἁλὸς, παρὰ πατρὶ γέροντι·
κώκυσέν τ' ἄρ' ἔπειτα· θεαὶ δέ μιν ἀμφαγέροντο
πᾶσαι ὅσαι κατὰ βένθος ἁλὸς Νηρηΐδες ἦσαν.
Ἔνθ' ἄρ' ἔην Γλαύκη τε, Θάλειά τε Κυμοδόκη τε,
Νησαίη Σπειώ τε, Θόη θ' Ἁλίη τε βοῶπις,
Κυμοθόη τε καὶ Ἀκταίη καὶ Λιμνώρεια,
καὶ Μελίτη καὶ Ἴαιρα, καὶ Ἀμφιθόη καὶ Ἀγαυή,
Δωτώ τε Πρωτώ τε, Φέρουσά τε Δυναμένη τε,
Δεξαμένη τε καὶ Ἀμφινόμη καὶ Καλλιάνειρα,
Δωρὶς καὶ Πανόπη καὶ ἀγακλειτὴ Γαλάτεια,

mains. Les captives, riche butin d'Achille et de Patrocle, jettent des cris de douleur et de désespoir; elles sortent de la tente et accourent auprès du belliqueux Achille; elles se frappent la poitrine, et chacune d'elles sent fléchir ses genoux. Antiloque aussi gémit en versant des larmes; il tient les mains d'Achille qui soupire en son noble cœur; car il craint que le héros ne se coupe la gorge avec le fer. Achille poussait des gémissements affreux; sa vénérable mère, qui, près du vieux Nérée, était assise dans les profondeurs des eaux, entend sa voix, et soudain elle y répond par des sanglots. Alors se rassemblent autour d'elle toutes les Néréides qui habitent les profonds abîmes de l'Océan. Là viennent Glaucé, Thalie, Cymodocé, Nésæa, Spelo, Thoé, Halie au regard imposant, Cymothoé, Actée, Limnorée, Mélite, Ière, Amphithoé, Agavé, Doto, Proto, Phéruse, Dynamène, Dexamène, Amphinome, Callianire, Doris, Panopé, l'illustre Galatée, Némertès,

ILIADE, XVIII.

ἃς ληΐσσατο	qu'avait emmenées-comme-butin
Ἀχιλεὺς Πάτροκλός τε,	Achille ainsi-que Patrocle,
ἀκαχέμεναι θυμὸν	étant affligées *dans leur cœur*
ἴαχον μεγάλα·	poussaient-des-cris grands ;
ἐξέδραμον δὲ θύραζε	et elles coururent hors-de-la-porte
ἀμφὶ δαΐφρονα Ἀχιλῆα,	autour du belliqueux Achille,
πᾶσαι δὲ χερσὶ	et toutes avec *leurs* mains
πεπλήγοντο στήθεα,	se frappèrent la poitrine,
γυῖα δὲ ἑκάστης	et les genoux de chacune
ὑπόλυθεν.	furent déliés (détendus).
Ἀντίλοχος δὲ ἑτέρωθεν	Et Antiloque d'un-autre-côté
ὀδύρετο, λείβων δάκρυα,	se lamentait, versant des larmes,
ἔχων χεῖρας Ἀχιλῆος	tenant les mains d'Achille
(ὁ δὲ ἔστενε	(or celui-ci gémissait
κυδάλιμον κῆρ)·	dans *son* noble cœur) ;
δείδιε γὰρ	car il craignait
μὴ ἀποτμήξειε λαιμὸν	qu'il ne coupât *sa* gorge
σιδήρῳ.	avec le fer.
Ὤμωξε δὲ σμερδαλέον·	Or *Achille* gémit horriblement ;
πότνια δὲ μήτηρ ἄκουσεν,	et sa vénérable mère l'entendit,
ἡμένη παρὰ γέροντι πατρὶ	assise auprès de *son* vieux père
ἐν βένθεσσιν ἁλός·	dans les profondeurs de la mer ;
κώκυσέ τε ἄρα ἔπειτα·	et elle sanglota donc ensuite ;
πᾶσαι δὲ θεαὶ Νηρηΐδες	alors toutes les déesses Néréides
ὅσαι ἦσαν κατὰ βένθος ἁλός,	qui étaient dans le fond de la mer,
ἀμφαγέροντό μιν.	se rassemblèrent-autour d'elle.
Ἔνθα ἄρα ἦν τε Γλαύκη,	Là donc était et Glaucé,
Θάλειά τε Κυμοδόκη τε,	et Thalie et Cymodocé,
Νησαίη Σπειώ τε, Θόη τε	Nésæa et Spéio, et Thoé
Ἁλίη τε βοῶπις,	et Halie aux-yeux-de-génisse,
Κυμοθόη τε καὶ Ἀκταίη	et Cymothoé et Actée
καὶ Λιμνώρεια,	et Limnorée,
καὶ Μελίτη καὶ Ἴαιρα,	et Mélite et Ière,
καὶ Ἀμφιθόη καὶ Ἀγαυή,	et Amphithoé et Agavé,
Δωτώ τε Πρωτώ τε,	et Doto et Proto,
Φέρουσά τε Δυναμένη τε,	et Phéruse et Dynamène,
Δεξαμένη τε καὶ Ἀμφινόμη	et Dexamène et Amphinome
καὶ Καλλιάνειρα,	et Callianire,
Δωρὶς καὶ Πανόπη	Doris et Panopé
καὶ ἀγακλειτὴ Γαλάτεια,	et l'illustre Galatée,

Νημερτής τε καὶ Ἀψευδὴς καὶ Καλλιάνασσα·
ἔνθα δ' ἔην Κλυμένη, Ἰάνειρά τε καὶ Ἰάνασσα,
Μαῖρα καὶ Ὠρείθυια, ἐϋπλόκαμός τ' Ἀμάθεια,
ἄλλαι θ' αἳ κατὰ βένθος ἁλὸς Νηρηΐδες ἦσαν.
Τῶν δὲ καὶ ἀργύφεον πλῆτο σπέος· αἱ δ' ἅμα πᾶσαι
στήθεα πεπλήγοντο· Θέτις δ' ἐξῆρχε γόοιο·

« Κλῦτε, κασίγνηται Νηρηΐδες, ὄφρ' ἐῢ πᾶσαι
εἰδετ' ἀκούουσαι ὅσ' ἐμῷ ἔνι κήδεα θυμῷ.
Ὤ μοι ἐγὼ δειλή! Ὤ μοι δυσαριστοτόκεια!
Ἥτ' ἐπεὶ ἄρ τέκον υἱὸν ἀμύμονά τε κρατερόν τε,
ἔξοχον ἡρώων (ὁ δ' ἀνέδραμεν ἔρνεϊ ἶσος),
τὸν μὲν ἐγὼ θρέψασα, φυτὸν ὣς γουνῷ ἀλωῆς,
νηυσὶν ἐπιπροέηκα κορωνίσιν Ἴλιον εἴσω,
Τρωσὶ μαχησόμενον· τὸν δ' οὐχ ὑποδέξομαι αὖτις,
οἴκαδε νοστήσαντα, δόμον Πηλήϊον εἴσω.
Ὄφρα δέ μοι ζώει καὶ ὁρᾷ φάος ἠελίοιο,
ἄχνυται, οὐδέ τί οἱ δύναμαι χραισμῆσαι ἰοῦσα.

Apseudès, Callianasse; là viennent encore Clymène, Ianire, Ianasse, Maira, Orithyie, Amathée à la belle chevelure, et les autres Néréides qui habitent les profonds abîmes de l'Océan. Elles remplissent la grotte éclatante de blancheur, et toutes à la fois se frappent la poitrine. Thétis la première exhale sa douleur en ces termes :

« Ecoutez-moi, Néréides mes sœurs, et vous saurez bientôt de quelles douleurs mon âme est consumée. Ah! malheureuse! Mère infortunée du plus valeureux des guerriers! Je mis au monde un fils irréprochable et vaillant, un fils, le plus distingué des héros, qui s'était développé comme une jeune plante; après l'avoir élevé comme l'arbrisseau qui croît dans un terrain fertile, je l'envoyai vers Ilion sur des vaisseaux recourbés pour combattre les Troyens; ce fils, je ne le recevrai plus, à son retour, dans les demeures de Pélée. Mais tandis qu'il respire encore et qu'il voit la lumière du soleil, il est plongé dans la tristesse, et je ne puis le secourir! Cependant je veux aller

Νημερτής τε καὶ Ἀψευδὴς καὶ Καλλιάνασσα·	et Némertès et Apseudès et Callianasse ;
ἔνθα δὲ ἔην Κλυμένη, Ἰάνειρά τε καὶ Ἰάνασσα, Μαῖρα καὶ Ὠρείθυια, Ἀμάθειά τε ἐϋπλόκαμος, ἄλλαι τε Νηρηΐδες αἳ ἦσαν κατὰ βένθος ἁλός.	là aussi était Clymène, et Ianire et Ianasse, et Maïra et Orithyie, et Amathée aux-belles-tresses, et les autres Néréides qui étaient dans le fond de la mer.
Σπέος δὲ καὶ ἀργύφεον πλῆτο τῶν·	Or la grotte éclatante-de-blancheur était remplie de celles-ci ;
αἱ δὲ πᾶσαι ἅμα πεπλήγοντο στήθεα·	et elles toutes à la fois se frappèrent la poitrine ;
Θέτις δὲ ἐξῆρχε γόοιο·	et Thétis commença les gémissements :
« Κλῦτε, Νηρηΐδες κασίγνηται, ὄφρα πᾶσαι ἀκούουσαι εἴδετ᾽ εὖ ὅσα κήδεα ἐνὶ ἐμῷ θυμῷ.	« Écoutez, Néréides mes sœurs, afin que toutes en m'entendant vous sachiez bien combien de chagrins-sont-dans mon cœur.
Ὤ μοι ἐγὼ δειλή ! Ὤ μοι δυσαριστοτόκεια !	Hélas à moi, moi malheureuse ! Hélas à moi mère-infortunée-d'un-héros !
Ἥτε ἐπεὶ ἄρ τέκον υἱὸν ἀμύμονά τε κρατερόν τε, ἔξοχον ἡρώων (ὁ δ᾽ ἀνέδραμεν ἶσος ἔρνεϊ),	Moi qui après que donc j'eus enfanté un fils et irréprochable et puissant, le plus distingué des héros (or celui-ci avait grandi semblable à une plante),
ἐγὼ μὲν θρέψασα τόν, ὡς φυτὸν γουνῷ ἀλωῆς, ἐπιπροέηκα εἴσω Ἴλιον νηυσὶ κορωνίσι μαχησόμενον Τρωσίν·	moi à la vérité ayant élevé lui, comme une plante dans la partie-fertile d'une plaine, j'envoyai dans Ilion sur des vaisseaux recourbés lui, devant combattre les Troyens ;
οὐ δ᾽ ὑποδέξομαι αὖτις τόν, νοστήσαντα οἴκαδε, εἴσω δόμον Πηλήϊον.	mais je ne recevrai plus de nouveau lui, étant revenu dans-sa-patrie, dans la demeure de-Pélée.
Ὄφρα δὲ ζώει μοι καὶ ὁρᾷ φάος ἠελίοιο, ἄχνυται, οὐδὲ δύναμαι ἰοῦσα	Et tandis qu'il vit à moi et qu'il voit la lumière du soleil, il est affligé, et je ne puis étant allée

Ἀλλ' εἶμ', ὄφρα ἴδωμι φίλον τέκος, ἠδ' ἐπακούσω
ὅττι μιν ἵκετο πένθος, ἀπὸ πτολέμοιο μένοντα. »

Ὣς ἄρα φωνήσασα, λίπε σπέος· αἱ δὲ σὺν αὐτῇ 65
δακρυόεσσαι ἴσαν, περὶ δέ σφισι κῦμα θαλάσσης
ῥήγνυτο¹. Ταὶ δ' ὅτε δὴ Τροίην ἐρίβωλον ἵκοντο,
ἀκτὴν εἰσανέβαινον ἐπισχερώ, ἔνθα θαμειαὶ
Μυρμιδόνων εἴρυντο νέες ταχὺν ἀμφ' Ἀχιλῆα.
Τῷ δὲ βαρυστενάχοντι παρίστατο πότνια μήτηρ, 70
ὀξὺ δὲ κωκύσασα κάρη λάβε παιδὸς ἑοῖο·
καί ῥ' ὀλοφυρομένη, ἔπεα πτερόεντα προσηύδα·

« Τέκνον, τί κλαίεις; Τί δέ σε φρένας ἵκετο πένθος;
Ἔξαύδα, μὴ κεῦθε· τὰ μὲν δή τοι τετέλεσται
ἐκ Διός, ὡς ἄρα δὴ πρίν γ' εὔχεο, χεῖρας ἀνασχών, 75
πάντας ἐπὶ πρύμνῃσιν ἀλήμεναι υἷας Ἀχαιῶν,
σεῦ ἐπιδευομένους, παθέειν τ' ἀεκήλια ἔργα. »

voir ce fils chéri, et je saurai quel chagrin l'afflige, depuis qu'il se tient éloigné du combat. »

A ces mots, elle quitte la grotte; les Néréides l'accompagnent en pleurant, et les flots de la mer s'écartent devant elles. Lorsqu'enfin elles sont arrivées dans les plaines fertiles de Troie, elles vont se placer en ordre sur le rivage, à l'endroit où sont rangés près du rapide Achille les nombreux vaisseaux des Myrmidons. Tandis qu'il pousse de profonds soupirs, son auguste mère s'approche de lui, et, serrant dans ses bras la tête de son fils, elle laisse échapper des sanglots, et prononce, en gémissant, ces paroles qui volent rapides :

« Pourquoi pleures-tu, mon enfant? Quelle douleur pénètre ton âme? Parle, ne me cache rien; Jupiter a exaucé les vœux que tu formais jadis, lorsque, les mains levées vers le ciel, tu le suppliais de repousser près des navires les Achéens, privés de ton secours, et de leur faire subir d'indignes outrages. »

χραισμῆσαί οἱ τι.	secourir lui en quelque chose.
Ἀλλ' εἶμι,	Mais j'irai,
ὄφρα ἴδωμι τέκος φίλον,	afin que je voie ce fils chéri,
ἠδὲ ἐπακούσω	et que j'apprenne
ὅττι πένθος ἵκετό μιν,	quelle douleur est venue à lui,
μένοντα ἀπὸ πτολέμοιο. »	restant loin du combat. »
Φωνήσασα ἄρα ὣς,	Ayant donc parlé ainsi,
λίπε σπέος·	elle quitta la grotte ;
αἱ δὲ ἴσαν σὺν αὐτῇ	et celles-ci allèrent avec elle
δακρυόεσσαι,	fondant-en-larmes,
κῦμα δὲ θαλάσσης	et le flot de la mer
ῥήγνυτο περὶ σφισιν.	se brisait autour d'elles.
Ὅτε δὲ ταὶ δὴ	Et lorsque celles-ci enfin
ἵκοντο Τροίην	furent arrivées à Troie
ἐριβώλον,	aux-fertiles-mottes-de-terre,
ἑξανέβαινον ἀκτὴν	elles montèrent-sur le rivage
ἐπισχερώ,	à-la-file (par ordre),
ἔνθα εἴρυντο	là-où avaient été tirés [dons
νῆες θαμειαὶ Μυρμιδόνων	les vaisseaux nombreux des Myrmi-
ἀμφὶ ταχὺν Ἀχιλῆα.	autour du rapide Achille.
Μήτηρ δὲ πότνια παρίστατο	Or sa mère vénérable se présenta
τῷ βαρυστενάχοντι,	à lui gémissant-profondément,
κωκύσασα δὲ ὀξὺ	et ayant sangloté fortement
λάβε κάρη ἑοῖο παιδός·	elle prit la tête de son fils ;
καί ῥα ὀλοφυρομένη, προσηύδα	et donc gémissant, elle dit-à lui
ἔπεα πτερόεντα·	ces paroles ailées :
« Τέκνον, τί κλαίεις ;	« Mon enfant, pourquoi pleures-tu ?
Τί δὲ πένθος	Et quelle douleur
ἵκετό σε φρένας ;	est venue à toi dans ton cœur ?
Ἐξαύδα, μὴ κεῦθε·	Parle, ne le cache pas ;
τὰ μὲν δὴ	ces choses à la vérité certes
τετέλεσταί τοι	ont été accomplies pour toi
ἐκ Διός,	de-la-part-de Jupiter, [du moins
ὡς ἄρα δὴ πρίν γε	comme (celles que) donc auparavant
εὔχεο,	tu demandais-avec-prière,
ἀνασχὼν χεῖρας,	ayant levé les mains,
πάντας υἷας Ἀχαιῶν	tous les fils des Achéens
ἀλήμεναι ἐπὶ πρύμνῃσιν,	être refoulés auprès des vaisseaux,
ἐπιδευομένους σεῦ,	manquant de toi,
παθέειν τε ἔργα ἀεικήλια. »	et souffrir des choses indignes. »

Τὴν δὲ βαρυστενάχων προσέφη πόδας ὠκὺς Ἀχιλλεύς·
« Μῆτερ ἐμή, τὰ μὲν ἄρ μοι Ὀλύμπιος ἐξετέλεσσεν·
ἀλλὰ τί μοι τῶν ἦδος, ἐπεὶ φίλος ὤλεθ' ἑταῖρος,
Πάτροκλος, τὸν ἐγὼ περὶ πάντων τῖον ἑταίρων,
ἶσον ἐμῇ κεφαλῇ; Τὸν ἀπώλεσα· τεύχεα δ' Ἕκτωρ
δῃώσας ἀπέδυσε πελώρια, θαῦμα ἰδέσθαι,
καλά· τὰ μὲν Πηλῆϊ θεοὶ δόσαν, ἀγλαὰ δῶρα,
ἤματι τῷ ὅτε σε βροτοῦ ἀνέρος ἔμβαλον εὐνῇ.
Αἴθ' ὄφελες σὺ μὲν αὖθι μετ' ἀθανάτῃς ἁλίῃσι
ναίειν, Πηλεὺς δὲ θνητὴν ἀγαγέσθαι ἄκοιτιν!
Νῦν δ', ἵνα καὶ σοὶ πένθος ἐνὶ φρεσὶ μυρίον εἴη,
παιδὸς ἀποφθιμένοιο, τὸν οὐχ ὑποδέξεαι αὖτις,
οἴκαδε νοστήσαντ'· ἐπεὶ οὐδέ με θυμὸς ἄνωγε
ζώειν, οὐδ' ἄνδρεσσι μετέμμεναι, αἴ κε μὴ Ἕκτωρ
πρῶτος ἐμῷ ὑπὸ δουρὶ τυπεὶς ἀπὸ θυμὸν ὀλέσσῃ,

Achille aux pieds légers lui répond en poussant de profonds gémissements :

« Ma mère, le maître de l'Olympe a exaucé mes vœux ; mais que m'en revient-il, puisque Patrocle, mon fidèle compagnon, a péri, lui que j'honorais au-dessus de tous les guerriers, et dont la tête m'était aussi chère que la mienne? Je l'ai perdu ; Hector, après l'avoir immolé, lui a ravi sa belle et riche armure, admirable merveille, présent superbe dont les dieux firent hommage à Pélée le jour où ils vous firent partager la couche d'un mortel. Ah ! plût au ciel que vous fussiez restée parmi les déesses de la mer, et que Pélée eût pris une mortelle pour épouse! Vous souffrirez donc au fond de l'âme une amère douleur, quand votre fils aura péri ; vous ne le recevrez pas de retour dans la patrie ; car je ne veux plus désormais vivre et rester parmi les hommes, à moins que, frappé par ma lance,

ILIADE, XVIII. 13

Ἀχιλεὺς δὲ ὠκὺς πόδας
βαρυστενάχων προσέφη τήν·
« Ἐμὴ μῆτερ, Ὀλύμπιος
ἐτέλεσσεν ἂρ μὲν
τά μοι·
ἀλλὰ τί ἐμοὶ
μοι τῶν,
ἐπεὶ ἑταῖρος φίλος,
Πάτροκλος, ὤλετο,
τὸν ἐγὼ τῖον
περὶ πάντων ἑταίρων,
ἶσον ἐμῇ κεφαλῇ;
Ἀπώλεσα τόν·
Ἕκτωρ δὲ δῃώσας
ἀπέδυσε τεύχεα
πελώρια, καλὰ,
θαῦμα ἰδέσθαι·
τὰ μὲν θεοὶ
δόσαν Πηλῆι
δῶρα ἀγλαὰ,
τῷ ἤματι ὅτε
σε ἔμβαλον εὐνῇ
ἀνέρος βροτοῦ.
Αἴθε σὺ ὄφελες μὲν
ναίειν αὖθι
μετὰ ἀθανάτῃς ἁλίῃσι,
Πηλεὺς δὲ ἀγαγέσθαι
ἄκοιτιν θνητήν!
Νῦν δὲ,
ἵνα πένθος μυρίον
ᾖ σοὶ καὶ ἐνὶ φρεσί,
παιδὸς ἀποφθιμένοιο,
τὸν οὐχ ὑποδέξεαι αὖτις,
νοστήσαντα οἴκαδε·
ἐπεὶ θυμὸς ἄνωγέ με
οὐδὲ ζώειν,
οὐδὲ μετέμμεναι ἀνδρέσσιν,
εἰ μὴ Ἕκτωρ πρῶτος
τυπεὶς ὑπὸ ἐμῷ δουρὶ
ἀπολέσσῃ κε θυμὸν,

Or Achille rapide quant aux pieds
gémissant-profondément dit-à elle :
« Ma mère, Jupiter Olympien
a accompli donc à la vérité
ces choses pour moi;
mais quel plaisir (avantage)
est à moi de ces choses,
puisque mon compagnon chéri,
Patrocle, a péri,
lequel moi j'honorais
au-dessus de tous mes compagnons,
à-l'égal-de ma tête?
J'ai perdu celui-ci;
et Hector l'ayant tué
l'a dépouillé de ses armes
prodigieuses, belles,
merveille (admirables) à voir;
lesquelles à la vérité les dieux
donnèrent à Pélée
comme présents superbes,
en ce jour lorsque (où)
ils te placèrent-dans la couche
d'un homme mortel.
Tu aurais bien dû à la vérité
habiter là-même
parmi les immortelles de-la-mer,
et Pélée aurait bien dû emmener
une épouse mortelle!   [mortel,
Mais maintenant tu as épousé un
afin qu'une douleur immense
fût à toi aussi dans ton cœur,
ton fils ayant péri,
lequel tu ne recevras plus de nouveau,
étant revenu dans-la-patrie;
car mon cœur n'engage moi
ni à vivre,
ni à rester-parmi les hommes,
à moins que Hector le premier
ayant été frappé par ma lance
n'ait perdu le souffle-vital,

Πατρόκλοιο δ' ἕλωρα Μενοιτιάδεω ἀποτίσῃ. »

Τὸν δ' αὖτε προσέειπε Θέτις, κατὰ δάκρυ χέουσα·
« Ὠκύμορος δή μοι, τέκος, ἔσσεαι, οἷ' ἀγορεύεις· 95
αὐτίκα γάρ τοι ἔπειτα μεθ' Ἕκτορα πότμος ἑτοῖμος. »

Τὴν δὲ μέγ' ὀχθήσας προσέφη πόδας ὠκὺς Ἀχιλλεύς·
« Αὐτίκα τεθναίην! ἐπεὶ οὐκ ἄρ' ἔμελλον ἑταίρῳ
κτεινομένῳ ἐπαμῦναι· ὁ μὲν μάλα τηλόθι πάτρης
ἔφθιτ', ἐμεῖο δὲ δῆσεν, ἀρῆς ἀλκτῆρα γενέσθαι. 100
Νῦν δ', ἐπεὶ οὐ νέομαί γε φίλην ἐς πατρίδα γαῖαν,
οὐδέ τι Πατρόκλῳ γενόμην φάος, οὐδ' ἑτάροισι
τοῖς ἄλλοις, οἳ δὴ πολέες δάμεν Ἕκτορι δίῳ·
ἀλλ' ἧμαι παρὰ νηυσίν, ἐτώσιον ἄχθος ἀρούρης¹,
τοῖος ἐὼν οἷος οὔτις Ἀχαιῶν χαλκοχιτώνων 105
ἐν πολέμῳ· ἀγορῇ δέ τ' ἀμείνονές εἰσι καὶ ἄλλοι.
Ὥς ἔρις ἔκ τε θεῶν ἔκ τ' ἀνθρώπων ἀπόλοιτο,

Hector ne perde la vie et n'expie la mort de Patrocle, fils de Ménétius. »

Thétis, fondant en larmes, réplique en ces termes :

« Il te restera peu de jours à vivre, mon enfant, si tu accomplis ton dessein; car la mort doit te frapper aussitôt après Hector. »,

Achille, aux pieds légers, répond le cœur gonflé de douleur :

« Que je meure à l'instant, puisque je n'ai pu secourir mon compagnon qu'on a immolé! Hélas! Patrocle a succombé loin de sa patrie; il ne m'a pas eu à ses côtés pour écarter de lui le coup fatal. Je ne dois plus retourner dans ma chère patrie, puisque je n'ai sauvé ni Patrocle, ni les nombreux amis qui sont tombés sous les coups du divin Hector; inutile fardeau de la terre, je reste assis près de mes vaisseaux, et pourtant il n'est parmi les Achéens aux cuirasses d'airain aucun guerrier plus valeureux que moi dans les combats; mais il en est qui me surpassent dans le conseil. Ah! périsse la discorde parmi les dieux et parmi les hommes! Périsse la colère qui entraîne dans

ἀποτίσῃ δὲ	et n'ait payé
ποινὴν	des peines-pour-le-meurtre
Πατρόκλοιο Μενοιτιάδεω. »	de Patrocle fils-de-Ménétius. »
Θέτις δὲ, καταχέουσα δάκρυ,	Or Thétis, versant des larmes,
προσέειπε τὸν αὖτε ·	dit-à lui à son tour :
« Ἔσσεαι δή μοι	« Tu seras certes pour moi
ὠκύμορος, τέκος,	d'un-court-destin, mon enfant,
οἷα ἀγορεύεις ·	d'après ce que tu dis ;
πότμος γὰρ ἑτοῖμός τοι	car le trépas est préparé à toi
αὐτίκα ἔπειτα μετὰ Ἕκτορα. »	aussitôt ensuite après Hector. »
Ἀχιλλεὺς δὲ ὠκὺς πόδας	Et Achille rapide quant aux pieds
ὀχθήσας μέγα προσέφη τήν ·	ayant gémi grandement dit-à elle:
« Τεθναίην αὐτίκα !	« Que je meure à l'instant !
Ἐπεὶ ἄρα οὐκ ἔμελλον	Puisque donc je ne devais pas
ἐπαμῦναι ἑταίρῳ κτεινομένῳ ·	secourir mon compagnon tué ;
ὁ μὲν ἔφθιτο	celui-ci à la vérité a péri
μάλα τηλόθι πάτρης,	bien loin de sa patrie,
ἐμεῖο δὲ ἐμεῖο,	et il manqua de moi,
γενέσθαι ἀλκτῆρα	pour être son protecteur
ἀρῆς.	contre le malheur.
Νῦν δὲ,	Mais maintenant,
ἐπεὶ οὐ νέομαί γε	puisque je ne retournerai certes pas
ἐς γαῖαν φίλην πατρίδα,	dans la terre chérie de-la-patrie,
οὐδὲ γενόμην τι	et que je n'ai pas été en quelque chose
φάος	une lumière (un sauveur)
Πατρόκλῳ,	pour Patrocle,
οὐδὲ τοῖς ἄλλοις ἑτάροισιν,	ni pour les autres compagnons,
οἳ δὴ πολέες δάμεν	qui certes nombreux ont été domptés
ὑπὸ Ἕκτορι ·	par le divin Hector ;
ἀλλὰ ἧμαι παρὰ νηυσίν,	mais je suis assis près des vaisseaux,
ἐτώσιον ἄχθος ἀρούρης,	fardeau inutile de la terre,
ἐὼν τοῖος οἷος ἐν πολέμῳ	étant tel que n'est dans la guerre
οὔτις Ἀχαιῶν	aucun des Achéens
χαλκοχιτώνων ·	aux-tuniques-d'airain ;
ἄλλοι δέ τε καὶ	mais d'autres aussi
εἰσὶν ἀμείνονες ἀγορῇ.	sont meilleurs dans le conseil.
Ὡς ἔρις	Plaise-au-ciel-que la dispute
ἀπόλοιτο ἔκ τε θεῶν	périsse bannie et d'entre les dieux
ἔκ τε ἀνθρώπων,	et d'entre les hommes,
καὶ χόλος,	ainsi-que la colère,

καὶ χόλος, ὅστ' ἐφέηκε πολύφρονά περ χαλεπῆναι·
ὅστε πολὺ γλυκίων μέλιτος καταλειβομένοιο
ἀνδρῶν ἐν στήθεσσιν ἀέξεται, ἠΰτε καπνός·
ὡς ἐμὲ νῦν ἐχόλωσεν ἄναξ ἀνδρῶν Ἀγαμέμνων.
Ἀλλὰ τὰ μὲν προτετύχθαι ἐάσομεν, ἀχνύμενοί περ,
θυμὸν ἐνὶ στήθεσσι φίλον δαμάσαντες ἀνάγκῃ.
Νῦν δ' εἶμ', ὄφρα φίλης κεφαλῆς ὀλετῆρα κιχείω,
Ἕκτορα· Κῆρα δ' ἐγὼ τότε δέξομαι, ὁππότε κεν δὴ
Ζεὺς ἐθέλῃ τελέσαι ἠδ' ἀθάνατοι θεοὶ ἄλλοι.
Οὐδὲ γὰρ οὐδὲ βίη Ἡρακλῆος φύγε Κῆρα,
ὅσπερ φίλτατος ἔσκε Διὶ Κρονίωνι ἄνακτι·
ἀλλά ἑ Μοῖρ' ἐδάμασσε καὶ ἀργαλέος χόλος Ἥρης.
Ὣς καὶ ἐγών, εἰ δή μοι ὁμοίη μοῖρα τέτυκται,
κείσομ', ἐπεί κε θάνω· νῦν δὲ κλέος ἐσθλὸν ἀροίμην·
καί τινα Τρωϊάδων καὶ Δαρδανίδων βαθυκόλπων,
ἀμφοτέρῃσιν χερσὶ παρειάων ἀπαλάων
δάκρυ' ὀμορξαμένην, ἁδινὸν στοναχῆσαι ἐφείην·

des emportements même le plus sage, la colère qui, plus douce que le miel liquide, augmente, comme une fumée, dans le cœur des mortels : tel est le courroux qu'a excité en moi Agamemnon, roi des hommes ! Mais oublions le passé, malgré notre douleur ; sachons soumettre notre âme à la nécessité impérieuse. Oui, je volerai au combat ; je veux atteindre Hector, le meurtrier d'une tête si chère, puis moi-même je subirai la mort, lorsque Jupiter et les autres immortels en auront prononcé l'arrêt. Le vaillant Hercule lui-même n'a pu échapper à la Destinée, et cependant il était cher au souverain Jupiter, fils de Saturne ; il périt, dompté par la sombre Parque et par la haine implacable de Junon. S'il est vrai qu'un semblable destin me soit réservé, je serai de même enseveli après ma mort. Puissé-je seulement aujourd'hui remporter une glorieuse victoire ! puissé-je contraindre les Troyennes et les Dardaniennes aux belles poitrines à essuyer de leurs mains les larmes qui inonderont leurs joues délicates, et à pousser de profonds

ὅστε ἐφέηκε χαλεπῆναι	qui a poussé à sévir
πολύφρονά περ·	l'homme même très-sensé ;
ὅστε πολὺ γλυκίων	qui beaucoup plus douce
μέλιτος καταλειβομένοιο	que le miel qui-découle
ἀέξεται, ἠΰτε καπνὸς,	augmente, comme la fumée,
ἐν στήθεσσιν ἀνδρῶν·	dans la poitrine des hommes ;
ὡς Ἀγαμέμνων	comme (c'est ainsi que) Agamemnon
ἄναξ ἀνδρῶν	prince des hommes
ἐχόλωσεν ἐμὲ νῦν.	a irrité moi maintenant.
Ἀλλὰ ἐάσομεν μὲν τὰ	Mais laissons à la vérité ces choses
προτετύχθαι,	avoir été faites-auparavant,
ἀχνύμενοί περ,	quoique étant affligés,
δαμάσαντες ἀνάγκῃ	ayant dompté par la nécessité
φίλον θυμὸν ἐνὶ στήθεσσι.	notre cœur dans notre poitrine.
Νῦν δὲ εἶμι,	Maintenant donc j'irai,
ὄφρα κιχείω Ἕκτορα,	afin que je trouve Hector,
ὀλετῆρα κεφαλῆς φίλης·	meurtrier d'une tête chérie ;
ἐγὼ δὲ τότε δέξομαι Κῆρα,	et moi alors je recevrai la mort,
ὁππότε Ζεὺς δὴ	lorsque Jupiter enfin
ἐθέλῃ κε τελέσαι	voudra accomplir cela
ἠδὲ ἄλλοι θεοὶ ἀθάνατοι.	ainsi-que les autres dieux immortels.
Οὐδὲ γὰρ βίη Ἡρακλῆος	Car ni la force d'Hercule
οὐδὲ φύγε Κῆρα,	n'a pas même échappé à la mort,
ὅσπερ ἔσκε φίλτατος	lui qui-cependant était très-cher
ἄνακτι Διὶ Κρονίωνι·	au souverain Jupiter fils-de-Saturne ;
ἀλλὰ Μοῖρα	mais la Destinée
καὶ χόλος ἀργαλέος Ἥρης	et la colère funeste de Junon
ἐδάμασσέν ἑ.	dompta lui.
Ὡς ἐγὼν καὶ κείσομαι,	Ainsi moi aussi je serai-gisant,
ἐπεί κε θάνω,	après que je serai mort,
εἰ δὴ μοῖρα ὁμοίη	si certes un destin semblable
τέτυκταί μοι·	est préparé à moi ;
νῦν δὲ ἀροίμην	mais maintenant puissé-je remporter
ἐσθλὸν κλέος·	une noble gloire ;
καὶ ἐφείην τινὰ	et puissé-je réduire quelqu'une
Τρωϊάδων καὶ Δαρδανίδων	des Troyennes et des Dardaniennes
βαθυκόλπων,	au-sein-profond,
στοναχῆσαι ἀδινὸν,	à gémir fortement,
ὁμοῦ ξαμένην ἀμφοτέρῃσι χερσὶ	ayant essuyé avec les deux mains
δάκρυα παρειάων ἁπαλάων·	les larmes de ses joues tendres ;

γνοῖεν δ' ὡς δὴ δηρὸν ἐγὼ πολέμοιο πέπαυμαι.
Μηδέ μ' ἔρυκε μάχης, φιλέουσά περ· οὐδέ με πείσεις. »

Τὸν δ' ἠμείβετ' ἔπειτα θεὰ Θέτις ἀργυρόπεζα·
« Ναὶ δὴ ταῦτά γε, τέκνον, ἐτήτυμον· οὐ κακόν ἐστι
τειρομένοις ἑτάροισιν ἀμυνέμεν αἰπὺν ὄλεθρον·
ἀλλά τοι ἔντεα καλὰ μετὰ Τρώεσσιν ἔχονται,
χάλκεα, μαρμαίροντα· τὰ μὲν κορυθαίολος Ἕκτωρ
αὐτὸς ἔχων ὤμοισιν ἀγάλλεται· οὐδέ ἕ φημι
δηρὸν ἐπαγλαϊεῖσθαι, ἐπεὶ φόνος ἐγγύθεν αὐτῷ.
Ἀλλὰ σὺ μὲν μήπω καταδύσεο μῶλον Ἄρηος,
πρίν γ' ἐμὲ δεῦρ' ἐλθοῦσαν ἐν ὀφθαλμοῖσιν ἴδηαι.
Ἠῶθεν γὰρ νεῦμαι, ἅμ' ἠελίῳ ἀνιόντι,
τεύχεα καλὰ φέρουσα παρ' Ἡφαίστοιο ἄνακτος. »

Ὣς ἄρα φωνήσασα, πάλιν τράπεθ' υἷος ἑοῖο·
καὶ στρεφθεῖσ', ἁλίῃσι κασιγνήτῃσι μετηύδα·
« Ὑμεῖς μὲν νῦν δῦτε θαλάσσης εὐρέα κόλπον,

soupirs : qu'elles reconnaissent que je suis resté longtemps loin des combats. Quel que soit votre amour, ô ma mère, ne cherchez plus à me retenir ; car vous ne sauriez me persuader. »

Thétis, la déesse aux pieds d'argent, lui répond aussitôt :

« Tu dis vrai, ô mon fils ; il est glorieux sans doute d'écarter de ses amis en péril le malheur affreux qui les menace ; mais tes belles armes d'airain, ces armes étincelantes, sont au pouvoir des Troyens ; Hector au casque rayonnant est fier d'en couvrir ses épaules ; certes je ne pense pas qu'il doive longtemps se glorifier de cette dépouille, car la mort le menace de près. Toi, ne pénètre point dans les sanglantes batailles, avant de m'avoir vue de retour en ces lieux. Demain, au lever du soleil, je t'apporterai des armes magnifiques, fabriquées par l'illustre Vulcain. »

Après avoir ainsi parlé, elle s'éloigne de son fils, et, se tournant vers ses sœurs, les déesses de la mer, elle leur dit :

« Rentrez dans les vastes profondeurs de l'Océan ; retournez auprès

γνοῖεν δὲ	et qu'elles reconnaissent
ὡς ἐγὼ δὴ δηρὸν	que moi déjà pendant-longtemps
κέκτυμαι πολέμοιο.	j'ai cessé le combat.
Μηδὲ ἔρυκέ με μάχης,	Ne m'écarte pas du combat,
φιλέουσά περ ·	quoique m'aimant ;
οὐδέ με πείσεις. »	tu ne me persuaderas pas. »
Ἔπειτα δὲ Θέτις	Et ensuite Thétis
θεὰ ἀργυρόπεζα	déesse aux-pieds-d'argent
ἠμείβετο τόν ·	répondit à lui :
« Ναὶ δή γε, τέκνον,	« Certes du moins, *mon fils*,
ταῦτα ἐτήτυμον ·	*tu as dit* ces choses véritablement ;
οὐκ ἔστι κακὸν	il n'est pas sans-honneur
ἀμυνέμεν ὄλεθρον αἰπὺν	d'écarter la perte épouvantable
ἑτάροισι τειρομένοις ·	de *ses* compagnons épuisés ;
ἀλλὰ καλὰ ἐντεά τοι,	mais les belles armes à toi,
χάλκεα, μαρμαίροντα,	d'-airain, resplendissantes,
ἔχονται μετὰ Τρώεσσιν ·	sont retenues parmi les Troyens ;
Ἕκτωρ μὲν κορυθαίολος	Hector au-casque-varié
ἀγάλλεται	se glorifie [épaules ;
ἔχων αὐτὸς τὰ ὤμοισιν ·	ayant lui-même celles-ci sur *ses*
οὐδέ φημί ἑ	et je ne dis (pense) pas lui
ἐπαγλαΐεσθαι δηρὸν,	devoir s'en réjouir longtemps,
ἐπεὶ φόνος αὐτῷ ἐγγύθεν.	puisque la mort *est* à lui tout-près.
Ἀλλὰ σὺ μὲν	Mais toi à la vérité
μήπω καταδύσεο	ne pénètre pas encore
μῶλον Ἄρηος,	dans le travail de Mars,
πρίν γε ἐν ὀφθαλμοῖσιν	avant du moins que de *tes* yeux
ἴδῃαι ἐμὲ ἐλθοῦσαν δεῦρο.	tu n'aies vu moi revenue ici.
Νεῦμαι γὰρ ἠῶθεν,	Car je reviendrai dès-l'aurore,
ἅμα ἠελίῳ ἀνιόντι,	avec le soleil se levant,
φέρουσα τεύχεα καλὰ	apportant des armes belles
παρὰ ἄνακτος Ἡφαίστοιο. »	de chez le souverain Vulcain. »
Φωνήσασα ἄρα ὧς,	Ayant donc parlé ainsi,
τράπετο πάλιν	elle se tourna en arrière (s'éloigna)
ὑῖο υἱος ·	de son fils ;
καὶ μετηύδα	et elle dit-au-milieu
κασιγνήτῃσιν ἁλίῃσι,	de *ses* sœurs de-la-mer,
στρεφθεῖσα ·	s'étant tournée *vers elles* : [nant
« Ὑμεῖς μὲν δῦτε νῦν	« Vous à la vérité pénétrez mainte-
εὐρέα κόλπον θαλάσσης,	dans le vaste sein de la mer,

ὀψόμεναί τε γέρονθ' ἅλιον καὶ δώματα πατρὸς,
καί οἱ πάντ' ἀγορεύσατ'· ἐγὼ δ' ἐς μακρὸν Ὄλυμπον
εἶμι παρ' Ἥφαιστον κλυτοτέχνην, αἴ κ' ἐθέλῃσιν
υἱεῖ ἐμῷ δόμεναι κλυτὰ τεύχεα παμφανόωντα. »

Ὣς ἔφαθ'· αἱ δ' ὑπὸ κῦμα θαλάσσης αὐτίκ' ἔδυσαν· 145
ἡ δ' αὖτ' Οὐλυμπόνδε θεὰ Θέτις ἀργυρόπεζα
ᾔϊεν, ὄφρα φίλῳ παιδὶ κλυτὰ τεύχε' ἐνείκοι.

Τὴν μὲν ἄρ' Οὐλυμπόνδε πόδες φέρον· αὐτὰρ Ἀχαιοὶ,
θεσπεσίῳ ἀλαλητῷ ὑφ' Ἕκτορος ἀνδροφόνοιο
φεύγοντες, νῆάς τε καὶ Ἑλλήσποντον ἵκοντο. 150
Οὐδέ κε Πάτροκλόν περ ἐϋκνήμιδες Ἀχαιοὶ
ἐκ βελέων ἐρύσαντο νέκυν, θεράποντ' Ἀχιλῆος·
αὖτις γὰρ δὴ τόνγε κίχον λαός τε καὶ ἵπποι,
Ἕκτωρ τε Πριάμοιο πάϊς, φλογὶ εἴκελος ἀλκήν.
Τρὶς μέν μιν μετόπισθε ποδῶν λάβε φαίδιμος Ἕκτωρ, 155
ἑλκέμεναι μεμαὼς, μέγα δὲ Τρώεσσιν ὁμόκλα·
τρὶς δὲ δύ' Αἴαντες, θοῦριν ἐπιειμένοι ἀλκὴν ¹,

du vieux Nérée, dans les demeures paternelles, et racontez-lui tout. Moi, je monte dans les hauteurs de l'Olympe auprès du célèbre artisan Vulcain ; je vais lui demander pour mon fils une belle et brillante armure. »

Elle dit ; et les Néréides se plongent aussitôt dans les flots de la mer ; Thétis, la déesse aux pieds d'argent, se dirige vers l'Olympe, afin d'en rapporter à son fils chéri une noble armure.

Tandis qu'emportée dans sa course elle monte vers l'Olympe, les Achéens, fuyant, au milieu d'un horrible tumulte, devant l'homicide Hector, arrivent à leurs vaisseaux près de l'Hellespont. Les Grecs aux belles cnémides n'auraient pu entraîner hors des traits le corps de Patrocle, compagnon d'Achille ; car le cadavre avait de nouveau été atteint par les guerriers, par les chevaux et par Hector, fils de Priam, pareil à la flamme rapide. Trois fois le brillant Hector le saisit par les pieds, impatient de l'entraîner, et de sa voix retentissante il encourage les Troyens ; trois fois les deux Ajax, revêtus d'une force impétueuse,

ὀρόμεναι γέροντά τε ἅλιον	devant voir et le vieillard de-la-mer
καὶ δώματα πατρὸς,	et les demeures de mon père,
καὶ ἀγορεύσατε πάντα οἱ·	et dites tout à lui ;
ἐγὼ δὲ εἶμι ἐς Ὄλυμπον μακρὸν	et moi j'irai dans l'Olympe élevé
παρὰ Ἥφαιστον κλυτοτέχνην,	auprès de Vulcain célèbre-artisan,
αἴ κεν ἐθέλῃσι	pour voir s'il voudra
δόμεναι ἐμῷ υἱεῖ	donner à mon fils
κλυτὰ τεύχεα παμφανόωντα. »	d'illustres armes resplendissantes. »
Ἔφατο ὥς·	Elle dit ainsi ;
αἱ δὲ αὐτίκα ἔδυσαν	et celles-ci aussitôt pénétrèrent
ὑπὸ κῦμα θαλάσσης·	sous le flot de la mer ;
ἡ δὲ αὖτε	et elle de son côté,
Θέτις θεὰ ἀργυρόπεζα	Thétis la déesse aux-pieds-d'argent,
ἤιεν Οὔλυμπόνδε,	alla vers-l'Olympe,
ὄφρα ἐνείκοι παιδὶ φίλῳ	afin qu'elle rapportât à son fils chéri
τεύχεα κλυτά.	des armes illustres.
Πόδες ἄρα μὲν	Les pieds donc à la vérité
φέρον τὴν Οὔλυμπόνδε·	portaient elle vers-l'Olympe ;
αὐτὰρ Ἀχαιοὶ φεύγοντες	et les Achéens fuyant
ἀλαλητῷ θεσπεσίῳ	avec un cri immense
ὑπὸ ἀνδροφόνοιο Ἕκτορος,	sous l'homicide Hector,
ἵκοντο νῆάς τε	arrivèrent et à leurs vaisseaux
καὶ Ἑλλήσποντον.	et à l'Hellespont.
Ἀχαιοὶ δὲ ἐϋκνήμιδες	Et les Achéens aux-belles-cnémides
οὔ κεν ἐρύσαντό περ	n'auraient pas entraîné du moins
ἐκ βελέων	hors des traits
Πάτροκλον νέκυν,	Patrocle mort,
θεράποντα Ἀχιλῆος·	serviteur d'Achille ;
αὖτις γὰρ δὴ	car de nouveau encore
λαός τε καὶ ἵπποι,	et le peuple et les chevaux,
Ἕκτωρ τε πάϊς Πριάμοιο,	et Hector fils de Priam,
εἴκελος φλογὶ ἀλκήν,	pareil à la flamme quant à la force,
κίχον τόνγε.	atteignirent lui.
Τρὶς μὲν φαίδιμος Ἕκτωρ	Trois-fois d'un côté le brillant Hector
λάβε μιν ποδῶν μετόπισθε,	le prit par les pieds par derrière,
μεμαὼς ἐλκέμεναι,	désirant-vivement l'entraîner,
ὁμόκλα δὲ μέγα Τρώεσσι·	et criait grandement aux Troyens ;
τρὶς δὲ	trois-fois d'un autre côté
δύο Αἴαντες, ἐπιειμένοι	les deux Ajax, revêtus (armés)
ἀλκὴν θοῦριν,	d'un courage impétueux,

νεκροῦ ἀπεστυφέλιξαν· ὁ δ' ἔμπεδον, ἀλκὶ πεποιθὼς,
ἄλλοτ' ἐπαΐξασκε κατὰ μόθον, ἄλλοτε δ' αὖτε
στάσκε μέγα ἰάχων· ὀπίσω δ' οὐ χάζετο πάμπαν. 160
Ὡς δ' ἀπὸ σώματος οὔτι λέοντ' αἴθωνα δύνανται
ποιμένες ἄγραυλοι μέγα πεινάοντα δίεσθαι·
ὣς ῥα τὸν οὐκ ἐδύναντο δύω Αἴαντε κορυστὰ
Ἕκτορα Πριαμίδην ἀπὸ νεκροῦ δειδίξασθαι.
Καί νύ κεν εἴρυσσέν τε, καὶ ἄσπετον ἤρατο κῦδος, 165
εἰ μὴ Πηλείωνι ποδήνεμος ὠκέα Ἶρις
ἄγγελος ἦλθε θέουσ' ἀπ' Ὀλύμπου, θωρήσσεσθαι,
κρύβδα Διὸς ἄλλων τε θεῶν· πρὸ γὰρ ἧκέ μιν Ἥρη.
Ἀγχοῦ δ' ἱσταμένη ἔπεα πτερόεντα προσηύδα·

« Ὄρσεο, Πηλείδη, πάντων ἐκπαγλότατ' ἀνδρῶν· 170
Πατρόκλῳ ἐπάμυνον, οὗ εἵνεκα φύλοπις αἰνὴ
ἕστηκε πρὸ νεῶν. Οἱ δ' ἀλλήλους ὀλέκουσιν,
οἱ μὲν, ἀμυνόμενοι νέκυος πέρι τεθνηῶτος,

le repoussent loin du cadavre; mais le héros, plein de confiance dans sa valeur, tantôt s'élance intrépide au milieu de la mêlée, tantôt s'arrête en poussant des cris terribles, mais ne recule pas. De même que, dans les champs, des bergers ne peuvent éloigner d'un cadavre un lion ardent qu'aiguillonne la faim : de même les deux Ajax, ces vaillants guerriers, ne peuvent repousser loin de Patrocle Hector fils de Priam. Hector aurait entraîné le corps et se serait couvert de gloire, si la légère Iris, aux pieds rapides, n'était venue de l'Olympe, à l'insu de Jupiter et des autres dieux, pour ordonner à Achille de prendre les armes; c'est Junon qui l'avait envoyée. La messagère s'arrête près du guerrier et lui adresse ces paroles qui volent rapides :

« Lève-toi, fils de Pélée, toi le plus redoutable des hommes; cours défendre les restes de Patrocle, pour qui, devant les vaisseaux, se livre un combat acharné. Les Grecs et les Troyens s'immolent à l'envi,

ἀπεστυφέλιξαν νεκροῦ·	le repoussèrent-loin du mort ;
ὃ δὲ, πεποιθὼς ἀλκὶ,	mais lui, confiant dans sa force,
ἄλλοτε ἐπαΐξασκεν ἔμπεδον	tantôt s'élançait ferme
κατὰ μόθον,	à travers la mêlée,
ἄλλοτε δὲ αὖτε στάσκεν	et tantôt au contraire s'arrêtait
ἰάχων μέγα·	criant grandement ;
οὐ χάζετο δὲ πάμπαν	mais il ne se retirait pas du tout
ὀπίσω.	en arrière.
Ὡς δὲ ποιμένες	Or comme des bergers
ἄγραυλοι	qui-campent-dans-les-champs
οὔτι δύνανται	ne peuvent pas
δίεσθαι ἀπὸ σώματος	écarter d'un corps
λέοντα αἴθωνα	un lion plein-de-feu
κινάοντα μέγα·	ayant-faim grandement :
ὣς ῥα δύω Αἴαντε	ainsi donc les deux Ajax
κορυστὰ	armés-d'un-casque
οὐκ ἐδύναντο	ne pouvaient pas
δειδίξασθαι ἀπὸ νεκροῦ	effrayer-et-éloigner du mort
Ἕκτορα Πριαμίδην.	Hector fils-de-Priam.
Καί νύ κεν εἴρυσσέ τε,	Et il l'aurait entraîné,
καὶ ἤρατο	et il aurait remporté
κῦδος ἄσπετον,	une gloire immense,
εἰ μὴ Ἶρις	si la prompte Iris
ἀελλόπος,	aux-pieds-rapides-comme-le-vent,
κινήσα ἀπὸ Ὀλύμπου	accourant de l'Olympe
κρύβδα Διὸς	à-l'insu-de Jupiter
ἄλλων τε θεῶν,	et des autres dieux,
μὴ ἦλθεν ἄγγελος,	n'était venue messagère à Achille
θωρήσσεσθαι·	pour lui recommander de s'armer ;
Ἥρη γὰρ προῆκέ μιν.	car Junon avait envoyé celle-ci.
Ἱσταμένη δὲ ἀγχοῦ	Et se tenant près de lui
προσηύδα ἔπεα πτερόεντα·	elle lui adressa ces paroles ailées :
« Ὄρσεο, Πηλείδη,	« Lève-toi, fils-de-Pélée,
ἐκπαγλότατε πάντων ἀνδρῶν·	le plus terrible de tous les hommes ;
ἐπάμυνον Πατρόκλῳ,	porte-secours à Patrocle,
ἀμφ'οὗ φύλοπις αἰνὴ	à cause duquel une lutte violente
ἕστηκε πρὸ νεῶν.	est engagée devant les vaisseaux.
Οἱ δὲ	Or ceux-ci (les Grecs et les Troyens)
ὀλέκουσιν ἀλλήλους,	se font-périr les-uns-les-autres,
οἱ μὲν, ἀμυνόμενοι	les uns, combattant

οἱ δὲ ἐρύσσασθαι ποτὶ Ἴλιον ἠνεμόεσσαν
Τρῶες ἐπιθύουσι· μάλιστα δὲ φαίδιμος Ἕκτωρ
ἑλκέμεναι μέμονεν· κεφαλὴν δέ ἑ θυμὸς ἀνώγει
πῆξαι ἀνὰ σκολόπεσσι, ταμόνθ' ἁπαλῆς ἀπὸ δειρῆς.
Ἀλλ' ἄνα, μηδ' ἔτι κεῖσο· σέβας δέ σε θυμὸν ἱκέσθω,
Πάτροκλον Τρῳῇσι κυσὶν μέλπηθρα γενέσθαι·
σοὶ λώβη, αἴ κέν τι νέκυς ᾐσχυμμένος ἔλθῃ. »

Τὴν δ' ἠμείβετ' ἔπειτα ποδάρκης δῖος Ἀχιλλεύς·
« Ἶρι θεὰ, τίς γάρ σε θεῶν ἐμοὶ ἄγγελον ἧκε[1]; »
Τὸν δ' αὖτε προσέειπε ποδήνεμος ὠκέα Ἶρις·
« Ἥρη με προέηκε, Διὸς κυδρὴ παράκοιτις·
οὐδ' οἶδε Κρονίδης ὑψίζυγος, οὐδέ τις ἄλλος
ἀθανάτων, οἳ Ὄλυμπον ἀγάννιφον ἀμφινέμονται. »

Τὴν δ' ἀπαμειβόμενος προσέφη πόδας ὠκὺς Ἀχιλλεύς·
« Πῶς τ' ἄρ' ἴω μετὰ μῶλον; Ἔχουσι δὲ τεύχε' ἐκεῖνοι·
μήτηρ δ' οὔ με φίλη πρίν γ' εἴα θωρήσσεσθαι,

les uns pour protéger le cadavre, les autres impatients de l'entraîner dans les murs d'Ilion battue des vents; le brillant Hector est le plus ardent de tous les guerriers; il brûle de fixer sur un pieu la tête de ce héros, après l'avoir séparée du cou délicat. Lève-toi donc; sors de ton repos; ne permets pas que Patrocle devienne le jouet des chiens d'Ilion. Quel opprobre pour toi, si le corps de ton ami venait à subir quelque outrage ! »

Le divin Achille, aux pieds rapides, lui dit alors :
« Divine Iris, quelle divinité t'a donc envoyée vers moi? »
La légère Iris, aux pieds rapides, lui répond aussitôt :
« C'est Junon, l'auguste épouse de Jupiter, qui m'a envoyée à l'insu du fils de Saturne qui siége sur son trône élevé, et des autres immortels qui habitent les cimes neigeuses de l'Olympe. »

Achille, aux pieds rapides, lui réplique en ces termes :
« Comment irais-je au combat? Les Troyens se sont emparés de mes armes, et ma mère chérie ne me permet pas de prendre part

περὶ νέκυος τεθνηῶτος,	pour le cadavre mort,
οἱ δὲ, Τρῶες,	les autres, les Troyens,
ἐπιθύουσιν ἐρύσασθαι	désirent-vivement l'entraîner
ποτὶ Ἴλιον ἠνεμόεσσαν·	vers Ilion battue-par-les-vents;
φαίδιμος δὲ Ἕκτωρ μάλιστα	et le brillant Hector surtout
μέμονεν ἑλκέμεναι·	est-impatient-de l'entraîner;
θυμὸς δέ ἑ ἀνώγει	or son cœur l'engage
πῆξαι ἀνὰ σκολόπεσσι	à ficher sur des pieux
κεφαλὴν,	la tête de Patrocle,
ταμόντα ἀπὸ δειρῆς ἁπαλῆς.	l'ayant coupée du cou tendre.
ἀλλὰ ἄνα,	Mais debout,
μηδὲ κεῖσο ἔτι·	et ne sois plus couché;
σέβας δὲ ἱκέσθω	et que la honte vienne
σὲ θυμόν,	à toi dans ton cœur,
Πάτροκλον γενέσθαι μέλπηθρα	de voir Patrocle devenir un jouet
κυσὶ Τρῳῇσι·	pour les chiens troyens;
σοὶ λώβη,	à toi sera l'opprobre,
αἴ τι νέκυς	si en quelque chose le cadavre
κεν ἔλθῃ ᾐσχυμμένος. »	vient (vient à être) défiguré. »
Δῖος δὲ Ἀχιλλεὺς ποδάρκης	Et le divin Achille aux-pieds-rapides
ἀμείβετο ἔπειτα τήν·	répondit ensuite à elle:
« Θεὰ Ἴρι, τίς γὰρ θεῶν	« Déesse Iris, qui donc des dieux
σε ἧκεν ἐμοὶ ἄγγελον; »	t'a envoyée à moi comme messagère?»
Ὠκέα δὲ Ἴρις	Et la prompte Iris
ποδήνεμος	aux-pieds-rapides-comme-le-vent
προσέειπε τὸν αὖτε·	dit-à lui à son tour:
« Κυδρὴ παράκοιτις Διός,	« L'illustre épouse de Jupiter,
Ἥρη προέηκέ με·	Junon a envoyé moi;
οὐδὲ Κρονίδης	ni le fils-de-Saturne
ὑψίζυγος,	assis-sur-un-trône-élevé,
οὐδέ τις ἄλλος ἀθανάτων,	ni quelque autre des immortels,
οἳ ἀμφινέμονται Ὄλυμπον	qui habitent l'Olympe
ἀγάννιφον,	tout-couvert-de-neige,
οἶδεν. »	ne le sait. »
Ἀχιλλεὺς δὲ ὠκὺς πόδας	Or Achille rapide quant aux pieds
ἀπαμειβόμενος προσέφη τήν·	répondant dit-à elle:
« Πῶς τε ἄρα ἴω	« Comment donc irais-je
μετὰ μῶλον;	vers le combat?
Ἐκεῖνοι δὲ ἔχουσι τεύχεα·	Or ceux-ci ont mes armes;
μήτηρ δὲ φίλη.	et ma mère chérie

πρίν γ' αὐτὴν ἐλθοῦσαν ἐν ὀφθαλμοῖσιν ἴδωμαι·
στεῦτο γὰρ Ἡφαίστοιο πάρ' οἰσέμεν ἔντεα καλά.
Ἄλλου δ' οὔ τευ οἶδα, τεῦ ἂν κλυτὰ τεύχεα δύω,
εἰ μὴ Αἴαντός γε σάκος Τελαμωνιάδαο.
Ἀλλὰ καὶ αὐτὸς ὅγ', ἔλπομ', ἐνὶ πρώτοισιν ὁμιλεῖ,
ἔγχεϊ δηϊόων περὶ Πατρόκλοιο θανόντος. »

Τὸν δ' αὖτε προσέειπε ποδήνεμος ὠκέα Ἶρις·
« Εὖ νυ καὶ ἡμεῖς ἴδμεν ὅ τοι κλυτὰ τεύχε' ἔχονται·
ἀλλ' αὔτως ἐπὶ τάφρον ἰὼν, Τρώεσσι φάνηθι,
αἴ κέ σ' ὑποδδείσαντες ἀπόσχωνται πολέμοιο
Τρῶες, ἀναπνεύσωσι δ' Ἀρήϊοι υἷες Ἀχαιῶν
τειρόμενοι· ὀλίγη δέ τ' ἀνάπνευσις πολέμοιο. »

Ἡ μὲν ἄρ' ὣς εἰποῦσ' ἀπέβη πόδας ὠκέα Ἶρις·
Αὐτὰρ Ἀχιλλεὺς ὦρτο Διὶ φίλος· ἀμφὶ δ' Ἀθήνη
ὤμοις ἰφθίμοισι βάλ' αἰγίδα θυσσανόεσσαν·
ἀμφὶ δέ οἱ κεφαλῇ νέφος ἔστεφε δῖα θεάων
χρύσεον, ἐκ δ' αὐτοῦ δαῖε φλόγα παμφανόωσαν.

la lutte avant que de mes yeux je l'aie vue de retour en ces lieux; car elle a promis de m'apporter une magnifique armure fabriquée par Vulcain. Je ne vois pas d'armes illustres que je puisse revêtir, si ce n'est le bouclier d'Ajax, fils de Télamon. Mais il est lui-même, je pense, aux premiers rangs, immolant des guerriers avec sa lance pour venger Patrocle. »

La légère Iris, aux pieds rapides, lui dit à son tour :

« Nous savons bien que tes armes sont au pouvoir des ennemis; mais avance vers le fossé, et là, apparais aux Troyens; peut-être alors les Troyens, frappés d'épouvante, s'abstiendront de combattre, et les fils belliqueux des Achéens respireront après tant de fatigues, et goûteront un court moment de repos. »

A ces mots, la prompte Iris disparaît. Achille, cher à Jupiter, se lève; Minerve jette sur les épaules du héros l'égide aux belles franges; et l'auguste déesse répand autour de sa tête un nuage d'or, d'où elle

ILIADE, XVIII.

οὐκ εἴα	ne permettait pas (a défendu)
με θωρήσσεσθαι πρίν γε,	moi m'armer auparavant du moins,
πρίν γε ἐν ὀφθαλμοῖσιν	avant que de *mes* yeux
ἔωμαι αὐτὴν ἐλθοῦσαν ·	j'aie vu elle étant revenue ;
στεῦτο γὰρ οἰσέμεν	car elle promit de m'apporter
ἔντεα καλὰ παρὰ Ἡφαίστοιο.	des armes illustres de chez Vulcain.
Οὐκ οἶδα δέ τευ ἄλλου,	Et je ne sais pas quelque autre,
τῷ ἂν δύω τεύχεα κλυτά,	dont je revêtirais les armes illustres,
εἰ μή γε σάκος	si ce n'est du moins le bouclier
Αἴαντος Τελαμωνιάδαο.	d'Ajax fils-de-Télamon.
Ἀλλ' ὅγε, ἔλπομαι,	Mais celui-ci, je crois,
ἵ καὶ αὐτὸς	se trouve aussi lui-même
ἐν πρώτοισι,	parmi les premiers,
ἰῶν ἔγχεϊ	tuant avec *sa* lance [mort.
ἐν Πατρόκλοιο θανόντος. »	au-sujet-de (pour défendre) Patrocle
Ὠκέα δὲ Ἶρις	Et la prompte Iris
ἠνεμόεις	aux-pieds-rapides-comme-le-vent
εἶπε τὸν αὖτε ·	dit-à lui à son tour :
« Ἡμεῖς καί νυ ἴδμεν εὖ	« Nous aussi nous savons bien
τεύχεα κλυτά τοι	que les armes illustres à toi
νται ·	sont retenues *par les ennemis* ;
ἀλλ' ἰὼν αὔτως ἐπὶ τάφρον,	mais étant allé ainsi vers le fossé,
ἐπὶ Τρώεσσιν,	montre-toi aux Troyens,
αἰ Τρῶες	pour voir si par hasard les Troyens
δείσαντές σε	ayant redouté toi
ωνται πολέμοιο,	s'abstiendront de la guerre,
καὶ ἀρήιοι Ἀχαιῶν	et si les fils belliqueux des Achéens
οἱ	étant accablés *maintenant*
εύσωσιν ·	respireront ;
δέ τε ἀνάπνευσις πολέμοιο.»	et un court repos de la guerre *sera*. »
Ἡ μὲν ἄρα Ἶρις ὠκέα πόδας	Iris donc prompte *quant aux pieds*
εἰποῦσα ὥς.	s'en alla ayant dit ainsi.
Ἀχιλλεὺς φίλος Διὶ ὦρτο ·	Et Achille cher à Jupiter se leva ;
δὲ	et Minerve [tes
ὤμοις ἰφθίμοισιν	jeta-tout-autour de *ses* épaules robus-
θυσσανόεσσαν ·	l'égide garnie-de-franges ;
δὲ θεάων	et la *plus* divine des déesses
ἐπὶ κεφαλῇ οἱ	répandit-autour de la tête à lui
χρύσεον,	un nuage d'-or,
ἐκ δὲ ἐξ αὐτοῦ	et alluma (fit jaillir) de celui-ci

Ὡς δ' ὅτε καπνὸς ἰὼν ἐξ ἄστεος αἰθέρ' ἵκηται,
τηλόθεν ἐκ νήσου, τὴν δήϊοι ἀμφιμάχονται,
οἵτε πανημέριοι στυγερῷ κρίνονται Ἄρηϊ
ἄστεος ἐκ σφετέρου· ἅμα δ' ἠελίῳ καταδύντι
πυρσοί τε φλεγέθουσιν ἐπήτριμοι, ὑψόσε δ' αὐγὴ
γίγνεται ἀΐσσουσα, περικτιόνεσσιν ἰδέσθαι,
αἴ κέν πως σὺν νηυσὶν ἀρῆς ἀλκτῆρες ἵκωνται·
ὣς ἀπ' Ἀχιλλῆος κεφαλῆς σέλας αἰθέρ' ἵκανε.
Στῆ δ' ἐπὶ τάφρον ἰὼν ἀπὸ τείχεος· οὐδ' ἐς Ἀχαιοὺς
μίσγετο· μητρὸς γὰρ πυκινὴν ὠπίζετ' ἐφετμήν.
Ἔνθα στὰς ἤϋσ'· ἀπάτερθε δὲ Παλλὰς Ἀθήνη
φθέγξατ'· ἀτὰρ Τρώεσσιν ἐν ἄσπετον ὦρσε κυδοιμόν.
Ὡς δ' ὅτ' ἀριζήλη φωνή, ὅτε τ' ἴαχε σάλπιγξ
ἄστυ περιπλομένων δηΐων ὕπο θυμοραϊστέων·
ὣς τότ' ἀριζήλη φωνὴ γένετ' Αἰακίδαο.

fait jaillir une flamme brillante. De même que du sein d'une ville, située dans une île lointaine qu'entoure l'ennemi, la fumée s'élève dans les airs; pendant tout le jour, les assiégés soutiennent hors de la ville un horrible combat; mais, dès le coucher du soleil, des feux nombreux sont allumés, et leur clarté se reflète au loin dans les airs, afin que les peuples voisins, apercevant ces signaux, viennent sur leurs navires pour repousser l'attaque : de même au-dessus de la tête d'Achille brille une flamme dont l'éclat se répand dans les airs. Achille s'arrête sur les bords du fossé; il ne se mêle point à la foule des Achéens; car il respecte les sages avis de sa mère. Il pousse un cri; à sa voix répond au loin celle de Minerve; et parmi les Troyens s'élève un affreux tumulte. De même que retentit le son distinct de la trompette, lorsque les ennemis qui entourent une ville donnent le signal : de même retentit la voix du descendant d'Éaque. Au bruit

φλόγα παμφανόωσαν.	une flamme toute-brillante.
Ὡς δ' ὅτε καπνὸς	Or comme lorsque la fumée
ἰὼν ἐξ ἄστεος	étant allée hors (sortie) d'une ville
ἵκεται αἰθέρα,	va (s'élève) dans l'air,
ἐκ νήσου τηλόθεν,	d'une île au loin,
τὴν ἀμφιμάχονται	autour de laquelle combattent
δήιοι,	les ennemis,
οἵ τε πανημέριοι	et les *assiégés* pendant-tout-le-jour
ἐξ σφετέρου ἄστεος	*sortant* de leur ville
κρίνονται	combattent
Ἄρηι στυγερῷ·	par un Mars (combat) horrible ;
ἅμα δὲ ἠελίῳ καταδύντι	mais avec le soleil se couchant
πυρσοί τε ἐπήτριμοι φλεγέθουσιν,	et des torches nombreuses brûlent,
αὐγὴ δὲ γίγνεται	et *leur* clarté apparaît
ἀίσσουσα ὑψόσε,	s'élevant en-haut (dans les airs),
ἴδθαι περικτιόνεσσιν,	pour être vue par les voisins,
αἴ πως	si par hasard *ceux-ci*
σὺν ἔλθωσι σὺν νηυσὶν	viendraient avec *leurs* vaisseaux
ἀμύντορες ἀρῆς·	comme protecteurs contre le mal-
ὣς σέλας	ainsi l'éclat *qui s'échappe* [heur ;
ἐκ κεφαλῆς Ἀχιλλῆος	de la tête d'Achille
ἵκανεν αἰθέρα.	arrivait dans l'air.
Στῇ δὲ	Or il s'arrêta
ἰὼν ἐπὶ τάφρον	étant venu sur le fossé
ἀπὸ τείχεος·	en dehors du mur ;
οὐδὲ μίσγετο ἐς Ἀχαιούς·	et il ne se mêlait point aux Achéens ;
ὀπίζετο γὰρ	car il respectait
ἐφετμὴν πυκινὴν μητρός.	l'ordre prudent de sa mère.
Στὰς ἔνθα ἤυσε·	S'étant tenu là il cria ;
Παλλὰς δὲ Ἀθήνη	et Pallas Minerve
φθέγξατο ἀπάτερθεν·	fit-entendre-sa-voix loin *de lui* ;
ἀτὰρ ἐνῶρσε Τρώεσσι	et il excita-parmi les Troyens
κυδοιμὸν ἄσπετον.	un tumulte immense.
Ὡς δ' ὅτε φωνὴ	Or comme lorsqu'une voix
ἀριζήλη,	*se fait entendre* très-claire,
ὅτε τε σάλπιγξ ἴαχεν	quand la trompette a retenti
ὑπὸ δηίων	par les (du côté des) ennemis
θυμοραϊστέων	qui-détruisent-la-vie
περιπλομένων ἄστυ·	entourant une ville :
ὣς τότε γένετο ἀριζήλη	ainsi alors fut très-claire

Οἱ δ' ὡς οὖν ἄϊον ὄπα χάλκεον Αἰακίδαο,
πᾶσιν ὀρίνθη θυμός· ἀτὰρ καλλίτριχες ἵπποι
ἂψ ὄχεα τρόπεον· ὄσσοντο γὰρ ἄλγεα θυμῷ.
Ἡνίοχοι δ' ἔκπληγεν, ἐπεὶ ἴδον ἀκάματον πῦρ
δεινὸν ὑπὲρ κεφαλῆς μεγαθύμου Πηλείωνος
δαιόμενον· τὸ δὲ δαῖε θεὰ γλαυκῶπις Ἀθήνη.
Τρὶς μὲν ὑπὲρ τάφρου μεγάλ' ἴαχε δῖος Ἀχιλλεύς·
τρὶς δὲ κυκήθησαν Τρῶες κλειτοί τ' ἐπίκουροι.
Ἔνθα δὲ καὶ τότ' ὄλοντο δυώδεκα φῶτες ἄριστοι
ἀμφὶ σφοῖς ὀχέεσσι καὶ ἔγχεσιν. Αὐτὰρ Ἀχαιοί,
ἀσπασίως Πάτροκλον ὑπ' ἐκ βελέων ἐρύσαντες,
κάτθεσαν ἐν λεχέεσσι· φίλοι δ' ἀμφέσταν ἑταῖροι
μυρόμενοι· μετὰ δέ σφι ποδώκης εἵπετ' Ἀχιλλεύς,
δάκρυα θερμὰ χέων, ἐπεὶ εἴσιδε πιστὸν ἑταῖρον,
κείμενον ἐν φέρτρῳ, δεδαϊγμένον ὀξέϊ χαλκῷ·

de cette voix d'airain, les Troyens se sentent vivement émus jusqu'au fond de l'âme; les coursiers à la belle crinière font retourner les chars; car ils pressentent un horrible malheur. Les écuyers sont saisis d'effroi, lorsqu'ils voient briller sur la tête du magnanime fils de Pélée ce feu terrible, infatigable, qu'alluma Minerve, la déesse aux yeux d'azur. Trois fois sur les bords du fossé le divin Achille jette de grands cris, trois fois les Troyens et leurs illustres alliés s'enfuient en désordre. Là périssent douze guerriers des plus vaillants, embarrassés dans leurs chars et percés de leurs propres lances. Les Achéens joyeux entraînent Patrocle hors de la portée des traits, et le déposent sur un lit; de fidèles compagnons l'entourent en gémissant; Achille aux pieds rapides, qui marche derrière eux, verse des larmes brûlantes, à la vue de ce compagnon chéri, étendu sur une civière, percé par l'airain aigu. Achille l'avait envoyé sur le champ de ba-

φωνὴ Αἰακίδαο.	la voix du descendant-d'Éaque.
Ὡς δὲ οὖν οἱ	Or lorsque donc ceux-ci
ἄκον ὄπα χάλκεον	eurent entendu la voix d'-airain
Αἰακίδαο,	du descendant-d'Éaque,
θυμὸς πᾶσιν ὀρίνθη·	le cœur à tous fut troublé ;
ἀτὰρ ἵπποι καλλίτριχες	et les chevaux à-la-belle-crinière
τρόπεον ὄχεα ἄψ·	tournaient les chars en arrière ;
θυμῷ γὰρ	car dans leur cœur
ὄσσοντο ἄλγεα.	ils pressentaient des malheurs.
Ἡνίοχοι δὲ	Et les conducteurs
ἔκπληγεν,	furent effrayés,
ἐπεὶ ἴδον	quand ils eurent vu
πῦρ δεινὸν ἀκάματον	le feu terrible infatigable
δαιόμενον ὑπὲρ κεφαλῆς	brûlant sur la tête
μεγαθύμου Πηλείωνος·	du magnanime fils-de-Pélée ;
ἡ δὲ γλαυκῶπις	et la déesse aux-yeux-bleus
Ἀθήνη, δαῖε τό.	Minerve allumait ce feu.
Τρὶς μὲν εἷος Ἀχιλλεὺς	Trois-fois le divin Achille
ἴαχε μεγάλα ὑπὲρ τάφρου·	cria grandement sur le fossé ;
τρὶς δὲ Τρῶες	et trois-fois les Troyens
ἐπίκουροί τε κλειτοὶ	et les alliés illustres
κυκήθησαν.	furent mis-en-désordre.
Ἔνθα δὲ τότε καὶ ὄλοντο	Et là alors aussi périrent
δυώδεκα φῶτες ἄριστοι	douze hommes les meilleurs
ἀμφὶ σφοῖς ὀχέεσσι	embarrassés dans leurs chars
καὶ ἔγχεσιν.	et percés de leurs lances.
Αὐτὰρ Ἀχαιοὶ	Mais les Achéens
ἐκερύσαντες ἀσπασίως	ayant retiré avec-joie
Πάτροκλον ἐκ βελέων,	Patrocle hors des traits,
κάτθεσαν ἐν λεχέεσσιν·	le déposèrent sur un lit ;
ἑταῖροι δὲ φίλοι	et des compagnons chéris
ἀμφέσταν μυρόμενοι·	se tenaient-près de lui en gémissant ;
Ἀχιλλεὺς δὲ ποδώκης	et Achille aux-pieds-rapides
μετείπετό σφι,	suivait-avec eux,
χέων δάκρυα θερμά,	versant des larmes chaudes,
ἐπεὶ εἶδεν ἑταῖρον πιστὸν,	lorsqu'il vit son compagnon fidèle,
κείμενον ἐν φέρτρῳ,	étendu sur une civière,
δεδαϊγμένον χαλκῷ ὀξεῖ·	percé par l'airain aigu ;
τὸν ἤτοι ἐκ μὲν	lequel certes à la vérité
ἔπεμπεν ἐς πόλεμον	il avait envoyé à la guerre.

τόν ῥ' ἤτοι μὲν ἔπεμπε σὺν ἵπποισιν καὶ ὄχεσφιν
ἐς πόλεμον, οὐδ' αὖτις ἐδέξατο νοστήσαντα.

Ἠέλιον δ' ἀκάμαντα βοῶπις πότνια Ἥρη
πέμψεν ἐπ' Ὠκεανοῖο ῥοὰς ἀέκοντα νέεσθαι·
Ἠέλιος μὲν ἔδυ, παύσαντο δὲ δῖοι Ἀχαιοὶ
φυλόπιδος κρατερῆς καὶ ὁμοιΐου πολέμοιο.

Τρῶες δ' αὖθ' ἑτέρωθεν, ἀπὸ κρατερῆς ὑσμίνης
χωρήσαντες, ἔλυσαν ὑφ' ἅρμασιν ὠκέας ἵππους·
ἐς δ' ἀγορὴν ἀγέροντο, πάρα δόρποιο μέδεσθαι.
Ὀρθῶν δ' ἑσταότων ἀγορὴ γένετ', οὐδέ τις ἔτλη
ἕζεσθαι· πάντας γὰρ ἔχε τρόμος, οὕνεκ' Ἀχιλλεὺς
ἐξεφάνη, δηρὸν δὲ μάχης ἐπέπαυτ' ἀλεγεινῆς.
Τοῖσι δὲ Πουλυδάμας πεπνυμένος ἦρχ' ἀγορεύειν,
Πανθοΐδης· ὁ γὰρ οἶος ὁρᾶ πρόσσω καὶ ὀπίσσω·
Ἕκτορι δ' ἦεν ἑταῖρος, ἰῇ δ' ἐν νυκτὶ γένοντο·
ἀλλ' ὁ μὲν ἂρ μύθοισιν, ὁ δ' ἔγχεϊ πολλὸν ἐνίκα·
ὅ σφιν ἐϋφρονέων ἀγορήσατο καὶ μετέειπεν·

taille avec des chars et des chevaux, mais il ne le reçut point à son retour.

La vénérable Junon, au regard imposant, ordonne au soleil infatigable de se plonger dans les flots de l'Océan. Le Soleil disparaît, et les divins Achéens cessent la terrible mêlée et le combat si funeste à tous.

Les Troyens, de leur côté, s'étant retirés de cette sanglante bataille, détachent des chars les chevaux rapides, et se réunissent en assemblée avant de songer au repas du soir. Tous se tiennent debout, aucun d'eux n'ose s'asseoir : tant les a frappés l'apparition d'Achille qui, depuis longtemps, s'était éloigné des funestes combats. Le prudent Polydamas, fils de Panthoüs, prend le premier la parole; mieux que les autres, il connaissait l'avenir et le passé; il était le compagnon d'Hector, et tous deux étaient nés la même nuit. L'un l'emportait par l'éloquence, l'autre par la valeur. Polydamas leur dit alors avec bienveillance :

σὺν ἵπποισι καὶ ὄχεσφιν,	avec des chevaux et un char,
οὐδὲ ἐδέξατο αὖτις	et il ne reçut plus de nouveau
νοστήσαντα.	lui étant revenu.
Πότνια δὲ Ἥρη	Or la vénérable Junon
βοῶπις	aux-yeux-de-génisse
πέμψεν ἀέκοντα	envoya malgré-lui
Ἠέλιον ἀκάμαντα	le Soleil infatigable
ἐπὶ ῥοὰς Ὠκεανοῖο	vers les courants de l'Océan
νέεσθαι·	pour revenir ;
Ἠέλιος μὲν ἔδυ,	le Soleil à la vérité se coucha,
δῖοι δὲ Ἀχαιοὶ	et les divins Achéens
παύσαντο φυλόπιδος κρατερῆς	cessèrent la mêlée terrible
καὶ πολέμοιο ὁμοιΐου.	et le combat général.
Ἑτέρωθεν δὲ αὖτε	Et d'un-autre-côté à leur tour
Τρῶες, χωρήσαντες	les Troyens, s'étant retirés
ἐκ ὑσμίνης κρατερῆς,	de cette lutte terrible,
ἔλυσαν ὑπὸ ἁρμάτων	détachèrent de dessous les chars
ἵππους ὠκέας·	les chevaux rapides ;
ἠγέροντο δὲ	et ils se réunirent
εἰς ἀγορὴν,	pour se rendre à l'assemblée,
πάρος μέδεσθαι δόρποιο.	avant de prendre-soin du repas.
Ἀγορὴ δὲ γένετο	Et une assemblée eut-lieu
ἱστάτων ὀρθῶν,	d'eux se tenant droits,
οὔτις δὲ ἔτλη ἕζεσθαι·	et aucun n'osa s'asseoir ;
τρόμος γὰρ ἔχε πάντας,	car la crainte les tenait tous,
οὕνεκα Ἀχιλλεὺς ἐξεφάνη,	parce qu'Achille avait paru,
ἐπέπαυτο δὲ δηρὸν	or il s'était abstenu longtemps
μάχης ἀλεγεινῆς.	du combat déplorable.
Πεπνυμένος δὲ Πουλυδάμας,	Alors le prudent Polydamas,
Πανθοΐδης,	fils-de-Panthoüs,
ἦρχεν ἀγορεύειν τοῖσιν·	commença à parler à eux ;
ὁ γὰρ οἶος ὅρα	car lui seul voyait (passé) ;
πρόσσω καὶ ὀπίσσω·	en avant et en arrière (l'avenir et le
ἦν δὲ ἑταῖρος Ἕκτορι,	or il était compagnon d'Hector,
γένοντο δὲ ἐν ἰῇ νυκτί·	et ils naquirent dans la même nuit ;
ἀλλὰ ὁ μὲν ἄρ ἐνίκα πολλὸν	mais l'un l'emportait de beaucoup
μύθοισιν,	par les discours,
ὁ δὲ ἔγχεϊ·	l'autre par la lance ;
ὁ εὐφρονέων	celui-ci étant-bien-intentionné
ἀγορήσατο καὶ μετέειπέ σφιν·	harangua et dit-au-milieu d'eux :

2.

« Ἀμφὶ μάλα φράζεσθε, φίλοι· κέλομαι γὰρ ἔγωγε
ἄστυδε νῦν ἰέναι, μὴ μίμνειν ἠῶ δῖαν
ἐν πεδίῳ παρὰ νηυσίν· ἑκὰς δ' ἀπὸ τείχεός εἰμεν.
Ὄφρα μὲν οὗτος ἀνὴρ Ἀγαμέμνονι μήνιε δίῳ,
τόφρα δὲ ῥηΐτεροι πολεμίζειν ἦσαν Ἀχαιοί·
χαίρεσκον γὰρ ἔγωγε θοῇς ἐπὶ νηυσὶν ἰαύων,
ἐλπόμενος νῆας αἱρησέμεν ἀμφιελίσσας.
Νῦν δ' αἰνῶς δείδοικα ποδώκεα Πηλεΐωνα·
οἷος ἐκείνου θυμὸς ὑπέρβιος, οὐκ ἐθελήσει
μίμνειν ἐν πεδίῳ, ὅθι περ Τρῶες καὶ Ἀχαιοὶ
ἐν μέσῳ ἀμφότεροι μένος Ἄρηος δατέονται,
ἀλλὰ περὶ πτόλιός τε μαχήσεται ἠδὲ γυναικῶν.
Ἀλλ' ἴομεν προτὶ ἄστυ· πίθεσθέ μοι· ὧδε γὰρ ἔσται.
Νῦν μὲν νὺξ ἀπέπαυσε ποδώκεα Πηλεΐωνα
ἀμβροσίη· εἰ δ' ἄμμε κιχήσεται ἐνθάδ' ἐόντας
αὔριον ὁρμηθεὶς σὺν τεύχεσιν, εὖ νύ τις αὐτὸν
γνώσεται· ἀσπασίως γὰρ ἀφίξεται Ἴλιον ἱρήν,
ὅς κε φύγῃ· πολλοὺς δὲ κύνες καὶ γῦπες ἔδονται

« Amis, délibérez avec sagesse. Pour moi, je vous engage à rentrer à l'instant dans la ville, à ne point attendre le retour de la divine aurore, dans la plaine, en face de la flotte des Grecs ; car nous sommes bien loin des remparts. Tant que dura le courroux d'Achille contre le divin Agamemnon, les Achéens étaient plus faciles à combattre ; je me réjouissais moi-même de rester près des rapides vaisseaux, dans l'espoir que nous nous emparerions de ces navires qui se balancent sur les flots. Mais maintenant je redoute fort l'impétueux fils de Pélée ; avec son âme violente, il ne voudra point rester dans la plaine, où les Troyens et les Grecs, dans l'intervalle qui sépare les deux camps, se portent des coups mutuels ; mais il combattra pour s'emparer de notre ville et de nos femmes. Allons, croyez-moi, retirons-nous dans la ville ; car il en sera ainsi. En ce moment la nuit divine arrête l'impétueux fils de Pélée ; mais si demain, s'élançant en armes, il nous retrouve en ces lieux, chacun de nous saura bien le reconnaître. Celui qui pourra s'enfuir regagnera volontiers les murs sacrés d'Ilion ; car beaucoup de Troyens deviendront la proie des chiens et

ILIADE, XVIII.

« Ἀμφιφράζεσθε μάλα, φίλοι·	« Examinez bien, mes amis ;
ἔγωγε γὰρ κέλομαι	car moi je vous invite
ἰέναι νῦν ἄστυδε,	à aller maintenant à-la-ville,
μὴ μίμνειν ἠῶ δῖαν	à ne pas attendre l'aurore divine
ἐν πεδίῳ παρὰ νηυσίν·	dans la plaine auprès des vaisseaux ;
εἰμὲν δὲ ἑκὰς ἀπὸ τείχεος.	or nous sommes loin du mur.
Ὄφρα οὗτος ἀνὴρ μὲν	Tant que cet homme à la vérité
μήνιε	était irrité
δίῳ Ἀγαμέμνονι,	contre le divin Agamemnon,
τόφρα δὲ Ἀχαιοὶ	aussi-longtemps donc les Achéens
ἔσαν ῥηΐτεροι πολεμίζειν·	étaient plus faciles à combattre ;
ἔγωγε γὰρ χαίρεσκον	car moi je me réjouissais [des,
ἰαύων ἐπὶ νηυσὶ θοῇς,	séjournant près des vaisseaux rapi-
ἐλπόμενος αἱρησέμεν νῆας	espérant prendre les vaisseaux
ἀμφιελίσσας.	ballottés-par-les-eaux.
Νῦν δὲ δείδοικα αἰνῶς	Mais maintenant je crains fortement
Πηλείωνα ποδώκεα·	le fils-de-Pélée aux-pieds-rapides ;
οἷος θυμὸς ὑπέρβιος ἐκείνου,	tel qu'est l'esprit violent de lui,
οὐκ ἐθελήσει	il ne voudra pas
μίμνειν ἐν πεδίῳ,	rester dans la plaine,
ὅῃ περ Τρῶες καὶ Ἀχαιοὶ	où les Troyens et les Achéens
δατέονται ἀμφότεροι	se partagent les-uns-et-les-autres
ἐν μέσῳ	dans le milieu
μένος Ἄρηος,	la fureur de Mars,
ἀλλὰ μαχήσεται	mais il combattra
περὶ πτόλιός τε	et pour notre ville
ἠδὲ γυναικῶν.	et pour nos femmes.
Ἀλλὰ ἴομεν προτὶ ἄστυ·	Mais allons vers la ville ;
πίθεσθέ μοι· ἔσται γὰρ ὧδε.	croyez moi ; car il en sera ainsi.
Νῦν μὲν	Maintenant à la vérité
νὺξ ἀμβροσίη ἀπέπαυσε	la nuit divine a fait-cesser
Πηλείωνα ποδώκεα·	le fils-de-Pélée aux-pieds-rapides ;
εἰ δὲ αὔριον,	mais si demain,
ὁρμηθεὶς σὺν τεύχεσι,	s'étant élancé avec ses armes,
κιχήσεται ἄμμε ἐόντας ἐνθάδε,	il trouve nous étant ici,
τίς γνώσεται εὖ νυ αὐτόν·	chacun reconnaîtra bien lui ;
ὃς γάρ κε φύγῃ,	car celui qui aura fui,
ἀφίξεται ἀσπασίως	arrivera volontiers
Ἴλιον ἱρήν·	dans Ilion sacrée ;
κύνες δὲ καὶ γῦπες	et les chiens et les vautours

Τρώων· αἲ γὰρ δή μοι ἀπ' οὔατος ὧδε γένοιτο!
Εἰ δ' ἂν ἐμοῖς ἐπέεσσι πιθώμεθα, κηδόμενοί περ,
νύκτα μὲν εἰν ἀγορῇ σθένος ἕξομεν· ἄστυ δὲ πύργοι,
ὑψηλαί τε πύλαι, σανίδες τ' ἐπὶ τῇς ἀραρυῖαι, 275
μακραὶ, ἐΰξεστοι, ἐζευγμέναι εἰρύσσονται.
Πρωῒ δ' ὑπηοῖοι σὺν τεύχεσι θωρηχθέντες,
στησόμεθ' ἂμ πύργους· τῷ δ' ἄλγιον, αἴ κ' ἐθέλῃσιν,
ἐλθὼν ἐκ νηῶν, περὶ τείχεος ἄμμι μάχεσθαι.
Ἂψ πάλιν εἶσ' ἐπὶ νῆας, ἐπεί κ' ἐριαύχενας ἵππους 280
παντοίου δρόμου ἄσῃ ὑπὸ πτόλιν ἠλασκάζων.
Εἴσω δ' οὔ μιν θυμὸς ἐφορμηθῆναι ἐάσει,
οὐδέ ποτ' ἐκπέρσει, πρίν μιν κύνες ἀργοὶ ἔδονται. »

Τὸν δ' ἄρ' ὑπόδρα ἰδὼν προσέφη κορυθαίολος Ἕκτωρ·

« Πουλυδάμα, σὺ μὲν οὐκέτ' ἐμοὶ φίλα ταῦτ' ἀγορεύεις, 285
ὃς κέλεαι κατὰ ἄστυ ἀλήμεναι αὖτις ἰόντας.
Ἦ οὔπω κεκόρησθε ἐελμένοι ἔνδοθι πύργων;

des vautours. Ah! plaise aux dieux qu'une semblable nouvelle ne frappe jamais mon oreille! Mais si, quoi qu'il vous en coûte, vous obéissez à mes avis, toute la nuit dans l'assemblée nous contiendrons notre ardeur à combattre; et les tours, les portes élevées, munies de longs, de forts et de solides battants, protégeront la ville. Demain, dès l'aurore, nous nous tiendrons en armes sur le haut des tours; et malheur à lui, s'il veut, loin de ses navires, attaquer nos remparts. C'est alors qu'il s'en retournera vers ses vaisseaux, après avoir épuisé ses nobles chevaux en courses errantes autour de notre ville. Achille n'aura point assez de cœur pour pénétrer dans Ilion, et jamais il ne la renversera; mais il deviendra la proie des chiens dévorants. »

Hector, au casque étincelant, le regarde d'un œil irrité et lui dit:

« Polydamas, tes paroles sans doute ne peuvent me plaire. Quoi! tu nous ordonnes de nous retirer encore dans la ville? Mais n'êtes-vous point las de rester renfermés dans vos tours! Jadis on disait

ἔοντα πολλοὺς Τρώων·	mangeront beaucoup des Troyens ;
εἰ γὰρ δὴ γένοιτο	plût-au-ciel que cela fût
ὧδε	ainsi (comme je l'espère)
ἀπὸ οὔατός μοι!	loin de l'oreille à moi !
Εἰ δὲ, κηδόμενοί περ,	Mais si, quoique étant tristes,
πιθώμεθα ἐμοῖς ἐπέεσσι,	nous obéissons à mes paroles,
νύκτα μὲν	pendant la nuit à la vérité
ἕξομεν σθένος	nous contiendrons notre ardeur
ἐν ἀγορῇ ·	dans l'assemblée ;
πύργοι δὲ, πύλαι τε ὑψηλαί,	et les tours, et les portes élevées,
σανίδες δὲ ἐπαραρυῖαι τῇς,	et les planches adaptées à celles-ci,
μακραί, ἐΰξεστοι,	longues, bien-polies,
ἐζευγμέναι,	fortement-jointes,
ἐρύσσονται ἄστυ.	protégeront la ville.
Πρῶϊ δὲ ὑπηοῖοι,	Et le matin dès-l'aurore,
θωρηχθέντες σὺν τεύχεσι,	étant cuirassés avec nos armes,
στησόμεθα ἀμ πύργους ·	nous nous tiendrons sur les tours ;
ἄλγιον δὲ τῷ,	et il sera plus pénible à lui,
εἰ, ἐλθὼν ἐκ νηῶν,	si, étant venu des vaisseaux,
κεν ἐθέλῃσι μάχεσθαι ἀμμι	il veut combattre avec nous
περὶ τείχεος.	pour notre mur.
Εἶσι πάλιν ἄψ	Il ira de nouveau en arrière
ἐπὶ νῆας,	vers ses vaisseaux, [ville,
ἐπεί, ἠλασκάζων ὑπὸ πτόλιν,	lorsque, errant sous (autour de) la
κεν ἄσῃ δρόμου παντοίου	il aura rassasié d'une course variée
ἵππους ἐριαύχενας.	ses chevaux au-cou-élevé.
Θυμὸς δὲ οὐκ ἐάσει	Et son cœur ne permettra point
μιν ἐφορμηθῆναι εἴσω,	lui s'élancer en dedans d'Ilion,
οὐδὲ ἐκπέρσει ποτέ,	et il ne la détruira jamais,
πρὶν κύνες ἀργοὶ	avant que les chiens rapides
ἔδονταί μιν. »	aient mangé lui. »
Ἕκτωρ δὲ ἄρα κορυθαίολος	Hector donc au-casque-varié
ἰδὼν ὑπόδρα προσέφη τόν ·	l'ayant regardé en dessous dit-à lui :
«Πουλυδάμα, σὺ μὲν ἀγορεύεις	« Polydamas, toi à la vérité tu dis
ταῦτα οὐκέτι φίλα ἐμοί,	ces choses nullement agréables à moi,
ὃς κέλεαι	toi qui ordonnes nous
ἰόντας αὖτις	allant en arrière (nous en retournant)
ἀλήμεναι κατὰ ἄστυ.	nous renfermer dans la ville.
Ἦ οὔπω κεκόρησθε	Est-ce que vous n'êtes pas encore ras-
ἐελμένοι	étant (d'être) renfermés [sasiés

Πρὶν μὲν γὰρ Πριάμοιο πόλιν μέροπες ἄνθρωποι
πάντες μυθέσκοντο πολύχρυσον, πολύχαλκον·
νῦν δὲ δὴ ἐξαπόλωλε δόμων κειμήλια καλά·
πολλὰ δὲ δὴ Φρυγίην καὶ Μῃονίην ἐρατεινὴν
κτήματα περνάμεν' ἵκει, ἐπεὶ μέγας ὠδύσατο Ζεύς.
Νῦν δ' ὅτε πέρ μοι ἔδωκε Κρόνου παῖς ἀγκυλομήτεω
κῦδος ἀρέσθ' ἐπὶ νηυσὶ, θαλάσσῃ τ' ἔλσαι Ἀχαιούς,
νήπιε, μηκέτι ταῦτα νοήματα φαῖν' ἐνὶ δήμῳ.
Οὐ γάρ τις Τρώων ἐπιπείσεται· οὐ γὰρ ἐάσω.
Ἀλλ' ἄγεθ', ὡς ἂν ἐγὼν εἴπω, πειθώμεθα πάντες.
Νῦν μὲν δόρπον ἕλεσθε κατὰ στρατὸν ἐν τελέεσσι,
καὶ φυλακῆς μνήσασθε, καὶ ἐγρήγορθε ἕκαστος·
Τρώων δ' ὃς κτεάτεσσιν ὑπερφιάλως ἀνιάζει,
συλλέξας, λαοῖσι δότω καταδημοβορῆσαι,
τῶν τινα βέλτερόν ἐστιν ἐπαυρέμεν ἤπερ Ἀχαιούς.

partout que la ville de Priam était riche en or, riche en airain ; mais aujourd'hui les objets précieux, ornements de nos palais, sont anéantis, et nos nombreuses richesses ont été vendues dans la Phrygie et l'agréable Méonie, depuis que le grand Jupiter a fait peser sur nous le poids de sa colère. Et maintenant que le fils de l'artificieux Saturne m'accorde de remporter la victoire auprès des vaisseaux et de refouler les Grecs sur le rivage, insensé, garde-toi de publier dans le peuple de pareils avis. Aucun des Troyens ne t'obéira ; car je ne le souffrirai point. Allons, obéissez tous à ma voix. Prenez à présent le repas du soir dans les rangs de l'armée ; songez à établir des postes, et que chacun veille à son tour. Si quelqu'un des Troyens craint trop pour ses richesses, qu'il les rassemble et les distribue à nos troupes ; il vaut mieux en voir jouir les Troyens que les Grecs. Demain, dès l'aurore, tous avec

ἐκτὸς πύργων;	en dedans des tours ?
Πρὶν γὰρ μὲν	Car auparavant à la vérité
πάντες ἄνθρωποι μέροπες	tous les hommes à-la-voix-articulée
μυθέσκοντο πόλιν Πριάμοιο	disaient la ville de Priam
πολύχρυσον, πολύχαλκον·	être riche-en-or, riche-en-airain ;
νῦν δὲ δὴ	mais maintenant déjà
καλὰ κειμήλια	les belles choses-précieuses
ἐξαπόλωλε δόμων·	ont disparu des demeures ;
κτήματα δὲ δὴ πολλὰ	et certes des richesses nombreuses
ἴκει	sont parties
περνάμενα	enlevées-pour-être-vendues
Φρυγίην καὶ ἐρατεινὴν Μηονίην,	dans la Phrygie et l'agréable Méonie,
ἐπεὶ μέγας Ζεὺς	après que le grand Jupiter
ὠδύσατο.	se fut irrité contre nous.
Νῦν δὲ	Et maintenant
ὅτε περ παῖς Κρόνου ἀγκυλομήτεω	lorsque le fils de Saturne rusé
ἔδωκέ μοι	a donné à moi
ἀρέσθαι κῦδος	de remporter de la gloire
ἐπὶ νηυσὶν,	auprès des vaisseaux,
ἔλσαι τε Ἀχαιούς	et de refouler les Achéens
θαλάσσῃ,	sur les bords de la mer,
νήπιε, μηκέτι φαῖνε	insensé, ne publie plus
ταῦτα νοήματα ἐνὶ δήμῳ.	ces avis dans le peuple.
Οὔτις γὰρ Τρώων ἐπιπείσεται·	Car aucun des Troyens n'obéira ;
οὐ γὰρ ἐάσω.	car je ne le permettrai pas.
Ἀλλὰ ἄγετε, πειθώμεθα πάντες,	Mais allez, obéissons tous,
ὡς ἐγὼν ἂν εἴπω.	comme moi j'aurai dit.
Νῦν μὲν	Maintenant à la vérité
θέσθε δόρπον ἐν τελέεσσι	prenez le repas dans les rangs
κατὰ στρατὸν,	à travers l'armée,
καὶ μνήσασθε φυλακῆς,	et souvenez-vous de la garde,
καὶ ἐγρήγορθε ἕκαστος·	et veillez chacun ;
Τρώων δὲ	et que parmi les Troyens
ὃς ἀνιάζει ὑπερφιάλως	celui qui s'afflige excessivement
κτεάτεσσι,	au sujet de ses richesses,
συλλέξας,	les ayant réunies,
δότω λαοῖσι	les donne aux peuples
καταδημοβορῆσαι,	pour les manger-en-commun,
τῶν ἔστι βέλτερόν	desquelles il est meilleur
τινα ἐπαυρέμεν	chacun des Troyens jouir

Πρωΐ δ' ὑπηοῖοι σὺν τεύχεσι θωρηχθέντες,
νηυσὶν ἐπὶ γλαφυρῇσιν ἐγείρομεν ὀξὺν Ἄρηα.
Εἰ δ' ἐτεὸν παρὰ ναῦφιν ἀνέστη δῖος Ἀχιλλεύς, 305
ἄλγιον, αἴ κ' ἐθέλῃσι, τῷ ἔσσεται. Οὔ μιν ἔγωγε
φεύξομαι ἐκ πολέμοιο δυσηχέος, ἀλλὰ μάλ' ἄντην
στήσομαι, ἤ κε φέρῃσι μέγα κράτος, ἤ κε φεροίμην.
Ξυνὸς Ἐνυάλιος, καί τε κτανέοντα κατέκτα. »

Ὣς Ἕκτωρ ἀγόρευ'· ἐπὶ δὲ Τρῶες κελάδησαν, 310
νήπιοι! ἐκ γάρ σφεων φρένας εἵλετο Παλλὰς Ἀθήνη·
Ἕκτορι μὲν γὰρ ἐπῄνησαν, κακὰ μητιόωντι·
Πουλυδάμαντι δ' ἄρ' οὔτις, ὃς ἐσθλὴν φράζετο βουλήν.
Δόρπον ἔπειθ' εἵλοντο κατὰ στρατόν· αὐτὰρ Ἀχαιοὶ
παννύχιοι Πάτροκλον ἀνεστενάχοντο γοῶντες. 315
Τοῖσι δὲ Πηλείδης ἁδινοῦ ἐξῆρχε γόοιο,
χεῖρας ἐπ' ἀνδροφόνους θέμενος στήθεσσιν ἑταίρου,
πυκνὰ μάλα στενάχων· ὥστε λῖς ἠϋγένειος,
ᾧ ῥά θ' ὑπὸ σκύμνους ἐλαφηβόλος ἁρπάσῃ ἀνὴρ

nos armes, engageons une lutte acharnée auprès des creux navires. Si en effet le divin Achille a reparu devant la flotte, et s'il veut combattre, malheur à lui! Pour moi, je ne fuirai point de la mêlée retentissante pour me soustraire à ses coups, mais je lui résisterai face à face; et l'un de nous remportera une éclatante victoire. Mars est commun à tous, et souvent il immole celui-là même qui se préparait à immoler. »

Ainsi parlait Hector. Les Troyens poussent des cris de joie. Insensés! Car Minerve leur a ravi la raison, ils applaudissent aux funestes avis d'Hector; et aucun d'eux n'approuve les sages conseils de Polydamas. Puis ils prennent le repas du soir dans les rangs de l'armée. De leur côté, les Achéens durant toute la nuit pleurent et gémissent sur Patrocle; le fils de Pélée commence les lugubres lamentations, et, posant ses mains meurtrières sur la poitrine de son compagnon, il laisse échapper de profonds soupirs. Tel un lion à la belle crinière, à qui, dans une épaisse forêt, un chasseur vient d'en-

ἔπερ Ἀχαιούς.	plutôt que les Achéens.
Πρωὶ δὲ ὑπηοῖοι	Or le matin dès-l'aurore
θωρηχθέντες σὺν τεύχεσιν,	étant cuirassés avec *nos* armes,
ἐγείρομεν Ἄρηα ὀξὺν	excitons un Mars (combat) vif
ἐπὶ νηυσὶ γλαφυρῇσιν.	auprès des vaisseaux creux.
Εἰ δὲ ἐτεὸν δῖος Ἀχιλλεὺς	Et si vraiment le divin Achille
ἀνέστη παρὰ ναῦσιν,	s'est levé auprès des vaisseaux,
ἔσσεται ἄλγιον τῷ,	cela sera plus pénible à lui,
αἴ κεν ἐθέλῃσιν.	s'il *le* veut.
Ἔγωγε οὐ φεύξομαί μιν	Moi je ne fuirai pas lui
ἐκ πολέμοιο δυσηχέος,	hors du combat retentissant,
ἀλλὰ στήσομαι μάλα ἄντην,	mais je me tiendrai tout en face,
ἤ κε φέρῃσι κράτος μέγα,	soit qu'il remporte une gloire grande,
ἤ κε φεροίμην.	soit que je *la* remporte.
Ἐνυάλιος ξυνός,	Enyalius (Mars) *est* commun,
καί τε κατέκτα	et a tué (tue)
κτανέοντα. »	*celui* devant tuer (venu pour tuer). »
Ὣς ἀγόρευεν Ἕκτωρ·	Ainsi haranguait Hector ;
Τρῶες δὲ ἐπικελάδησαν, νήπιοι!	et les Troyens acclamèrent, insensés !
Παλλὰς γὰρ Ἀθήνη	car Pallas Minerve
ἐξείλετο σφέων φρένας·	enleva-à eux *leur* bon-sens ;
ἐπῄνησαν μὲν γὰρ Ἕκτορι,	car ils approuvèrent Hector,
μητιόωντι κακά·	donnant-des-conseils funestes ;
οὔτις δὲ ἄρα	et aucun donc
Πουλυδάμαντι,	n'approuva Polydamas,
ὃς φράζετο ἐσθλὴν βουλήν.	qui prononçait un sage avis.
Ἔπειτα ἕλοντο δόρπον	Ensuite ils prirent le repas
κατὰ στρατόν·	dans l'armée ;
αὐτὰρ Ἀχαιοὶ παννύχιοι	mais les Achéens toute-la-nuit
ἐπεστενάχοντο Πάτροκλον	pleuraient Patrocle
γοῶντες.	en gémissant.
Πηλείδης δὲ	Or le fils-de-Pélée
ἦρχε τοῖσι	donna-le-signal à eux
γόοιο ἀδινοῦ,	des gémissements intenses,
ἐπιθέμενος χεῖρας ἀνδροφόνους	ayant placé *ses* mains meurtrières
στήθεσσιν ἑταίρου,	sur la poitrine de *son* compagnon,
στενάχων μάλα πυκνά·	se lamentant très-fortement ;
ὥστε λὶς ἠϋγένειος,	comme un lion à-la-belle-crinière,
ᾧτε ἀνὴρ ἐλαφηβόλος	auquel un homme chasseur-de-cerfs
ὑςαρπάσῃ ῥα σκύμνους	a enlevé certes *ses* petits

ὕλης ἐκ πυκινῆς· ὁ δέ τ' ἄχνυται ὕστερος ἐλθών·
πολλὰ δέ τ' ἄγκε' ἐπῆλθε μετ' ἀνέρος ἴχνι' ἐρευνῶν,
εἴ ποθεν ἐξεύροι· μάλα γὰρ δριμὺς χόλος αἱρεῖ·
ὣς ὁ βαρυστενάχων μετεφώνεε Μυρμιδόνεσσιν·

« Ὦ πόποι! ἦ ῥ' ἅλιον ἔπος ἔκβαλον ἤματι κείνῳ,
θαρσύνων ἥρωα Μενοίτιον ἐν μεγάροισι·
φῆν δέ οἱ εἰς Ὀπόεντα περικλυτὸν υἱὸν ἀπάξειν,
Ἴλιον ἐκπέρσαντα, λαχόντα τε ληΐδος αἶσαν.
Ἀλλ' οὐ Ζεὺς ἄνδρεσσι νοήματα πάντα τελευτᾷ.
Ἄμφω γὰρ πέπρωται ὁμοίην γαῖαν ἐρεῦσαι
αὐτοῦ ἐνὶ Τροίῃ· ἐπεὶ οὐδ' ἐμὲ νοστήσαντα
δέξεται ἐν μεγάροισι γέρων ἱππηλάτα Πηλεύς,
οὐδὲ Θέτις μήτηρ, ἀλλ' αὐτοῦ γαῖα καθέξει.
Νῦν δ' ἐπεὶ οὖν, Πάτροκλε, σεῦ ὕστερος εἶμ' ὑπὸ γαῖαν,
οὔ σε πρὶν κτεριῶ, πρίν γ' Ἕκτορος ἐνθάδ' ἐνεῖκαι

lever ses lionceaux, est frappé de douleur, quand il revient, mais trop tard, dans son antre; aussitôt il parcourt de tous côtés les vallons, cherchant à découvrir les traces du ravisseur; car il est transporté d'une vive et violente colère : tel Achille, exhalant de profonds soupirs, dit aux Myrmidons :

« Grands dieux! Je n'avais donc proféré qu'une vaine parole, le jour où je rassurai dans son palais le vaillant Ménétius! Je lui promis de ramener dans Oponte son illustre fils, lorsqu'il aurait renversé la ville d'Ilion et obtenu une part du butin. Mais Jupiter n'exauce pas tous les vœux des mortels. Nous sommes destinés tous deux à rougir de notre sang les mêmes rivages; car ni le vieux Pélée, habile à diriger des chevaux, ni Thétis ma mère ne me recevront de retour dans leurs demeures; c'est dans ces lieux que seront ensevelis mes restes. O Patrocle, puisque je dois après toi descendre sous la terre, je ne te rendrai pas les derniers honneurs, avant de t'avoir apporté les armes

ILIADE, XVIII. 43

ἐξ ὕλης πυκινῆς·	de la forêt épaisse ;
ὁ δέ τε ἄχνυται	et celui-ci est affligé
ἐλθὼν ὕστερος·	étant venu après (plus tard) ;
ἐπῆλθε δέ τε ἄγκεα πολλὰ	or il parcourt des vallons nombreux
μετερευνῶν ἴχνια ἀνέρος,	cherchant les traces de l'homme,
εἰ ἐξεύροι ποθέν·	s'il *les* découvrirait quelque-part ;
χόλος γὰρ δριμὺς	car une colère vive
αἱρεῖ μάλα·	*le* saisit fortement :
ὣς ὁ	ainsi lui (Achille)
βαρυστενάχων	gémissant-profondément
μετεφώνεε Μυρμιδόνεσσιν·	disait-au-milieu des Myrmidons :
« Ὦ πόποι!	« O grands-dieux !
ἦ ῥα κείνῳ ἤματι	certes donc en ce jour-là
ἐκβαλον ἔπος ἅλιον,	j'ai proféré une parole vaine,
θαρσύνων ἥρωα Μενοίτιον	rassurant le héros Ménétius
ἐν μεγάροισι·	dans *ses* demeures ;
φῆν δέ οἱ	or je disais à lui
ἀπάξειν εἰς Ὀπόεντα	*moi* devoir ramener dans Oponte
υἱὸν περικλυτὸν,	son fils très-illustre,
ἐκπέρσαντα Ἴλιον,	ayant détruit Ilion,
λαχόντα τε αἶσαν ληΐδος.	et ayant obtenu une part du butin.
Ἀλλὰ Ζεὺς οὐ τελευτᾷ	Mais Jupiter n'accomplit pas
πάντα νοήματα ἀνδρέσσι.	toutes les pensées aux (des) hommes.
Πέπρωται γὰρ	Car il est fixé-par-le-sort
ἄμφω ἐρεῦσαι ὁμοίην γαῖαν	*nous* tous-deux rougir la même terre
αὐτοῦ ἐνὶ Τροίῃ,	ici dans Troie,
ἐπεὶ οὐδὲ γέρων Πηλεὺς	puisque ni le vieux Pélée
ἱππηλάτα,	conducteur-de-chevaux,
οὐδὲ μήτηρ Θέτις	ni ma mère Thétis
δέξεται ἐν μεγάροισιν	ne recevra dans *ses* demeures
ἐμὲ νοστήσαντα,	moi étant revenu,
ἀλλὰ γαῖα	mais la terre
καθέξει αὐτοῦ.	me contiendra là-même.
Νῦν δὲ ἐπεὶ οὖν,	Or maintenant puisque donc,
Πάτροκλε,	Patrocle,
εἶμι ὑπὸ γαῖαν	j'irai sous la terre
ὕστερος σεῦ,	postérieur à (plus tard que) toi,
οὐ κτεριῶ	je ne rendrai-pas-les-derniers-hon-
σε πρὶν,	à toi auparavant, [neurs]
πρίν γε ἐνεῖκαι ἐνθάδε	avant du moins d'avoir apporté ici

τεύχεα καὶ κεφαλὴν, μεγαθύμου σεῖο φονῆος· 305
δώδεκα δὲ προπάροιθε πυρῆς ἀποδειροτομήσω
Τρώων ἀγλαὰ τέκνα, σέθεν κταμένοιο χολωθείς.
Τόφρα δέ μοι παρὰ νηυσὶ κορωνίσι κείσεαι αὔτως·
ἀμφὶ δέ σε Τρωαὶ καὶ Δαρδανίδες βαθύκολποι
κλαύσονται, νύκτας τε καὶ ἤματα δακρυχέουσαι,   310
τὰς αὐτοὶ καμόμεσθα βίηφί τε δουρί τε μακρῷ,
πιείρας πέρθοντε πόλεις μερόπων ἀνθρώπων. »

Ὣς εἰπὼν, ἑτάροισιν ἐκέκλετο δῖος Ἀχιλλεὺς
ἀμφὶ πυρὶ στῆσαι τρίποδα μέγαν, ὄφρα τάχιστα
Πάτροκλον λούσειαν ἄπο βρότον αἱματόεντα.   315
Οἱ δὲ λοετροχόον τρίποδ᾽ ἵστασαν ἐν πυρὶ κηλέῳ,
ἐν δ᾽ ἄρ᾽ ὕδωρ ἔχεαν, ὑπὸ δὲ ξύλα δαῖον ἑλόντες·
γάστρην μὲν τρίποδος πῦρ ἄμφεπε, θέρμετο δ᾽ ὕδωρ.
Αὐτὰρ ἐπειδὴ ζέσσεν ὕδωρ ἐνὶ ἤνοπι χαλκῷ,
καὶ τότε δὴ λοῦσάν τε, καὶ ἤλειψαν λίπ᾽ ἐλαίῳ·   320
ἐν δ᾽ ὠτειλὰς πλῆσαν ἀλείφατος ἐννεώροιο·

et la tête d'Hector, ton magnanime meurtrier. Dans la fureur qu'allume en moi ton trépas, j'immolerai sur ton bûcher douze Troyens des plus illustres. Jusque-là tu resteras ainsi étendu près de mes vaisseaux recourbés; autour de toi gémiront nuit et jour ces Troyennes et ces Dardaniennes aux belles poitrines, que nous avons conquises par notre valeur et par la force de nos lances en dévastant d'opulentes et belliqueuses cités. »

A ces mots, le divin Achille ordonne à ses compagnons de placer sur le feu un grand trépied, afin d'enlever promptement du corps de Patrocle le sang qui le souille. Aussitôt ils posent sur un feu ardent la chaudière destinée à cet usage, ils y versent de l'eau, ils apportent et allument le bois; la flamme enveloppe les flancs du trépied, et bientôt l'eau s'échauffe. Lorsque l'airain brillant a retenti de ses bouillonnements, ils lavent le corps, le frottent d'une huile épaisse, et versent sur les blessures du héros un baume vieux de neuf années. Ensuite

τεύχεα καὶ κεφαλὴν Ἕκτορος,	les armes et la tête d'Hector,
σεῖο μεγαθύμου φονῆος·	ton magnanime meurtrier;
ἀποδειροτομήσω δὲ	et je décapiterai
προπάροιθε πυρῆς	devant ton bûcher
δώδεκα τέκνα ἀγλαὰ Τρώων,	douze fils illustres de Troyens,
χολωθεὶς σέθεν κταμένοιο.	irrité à cause de toi ayant été tué.
Τόφρα δὲ	Et pendant-ce-temps
κείσεαι αὔτως μοι	tu seras-gisant ainsi à moi
παρὰ νηυσὶ κορωνίσιν,	auprès des vaisseaux recourbés,
ἀμφὶ δέ σε Τρωαὶ	et autour de toi les Troyennes
καὶ Δαρδανίδες βαθύκολποι	et les Dardaniennes au-sein-profond
κλαύσονται, δακρυχέουσαι	gémiront, versant-des-larmes
νύκτας τε καὶ ἤματα,	et les nuits et les jours,
τὰς αὐτοὶ	lesquelles nous-mêmes
καμόμεσθα	nous avons conquises-en-travaillant
βίηφί τε δουρί τε μακρῷ,	et par la force et par la lance longue,
πέρθοντε πόλεις πιείρας	détruisant des villes opulentes
ἀνθρώπων μερόπων. »	d'hommes à-la-voix-articulée. »
Εἰπὼν ὣς, δῖος Ἀχιλλεὺς	Ayant dit ainsi, le divin Achille
ἐκέλετο ἑτάροισι	ordonna à ses compagnons
στῆσαι ἀμφὶ πυρὶ	de placer autour du feu
μέγαν τρίποδα,	un grand trépied,
ὄφρα ἀπολούσειαν Πάτροκλον	afin qu'ils nettoyassent Patrocle
βρότον αἱματόεντα	du sang-versé sanglant
τάχιστα.	très-promptement.
Οἱ δὲ ἵστασαν	Or ceux-ci placèrent
ἐν πυρὶ κηλέῳ	sur le feu ardent
τρίποδα λοετροχόον,	le trépied propre-au-bain,
ἐνέχεαν δὲ ἄρα ὕδωρ,	et ils y-versèrent donc de l'eau,
ἑλόντες δὲ ξύλα	et ayant pris du bois
ὑπόδαιον·	ils l'allumèrent-en-dessous;
πῦρ μὲν ἄμφεπε	le feu à la vérité enveloppait
γάστρην τρίποδος,	le ventre du trépied,
ὕδωρ δὲ θέρμετο.	et l'eau s'échauffait.
Αὐτὰρ ἐπειδὴ ὕδωρ ζέσσεν	Et lorsque l'eau eut bouilli
ἐνὶ χαλκῷ ἤνοπι,	dans l'airain brillant,
καὶ τότε δὴ λοῦσάν τε,	alors aussitôt et ils le lavèrent,
καὶ ἤλειψαν ἐλαίῳ λίπι·	et ils l'enduisirent d'une huile grasse;
ἐνέπλησαν δὲ ὠτειλὰς	et ils remplirent ses blessures
ἀλείφατος ἐννεώροιο·	d'un onguent de-neuf-années;

ἐν λεχέεσσι δὲ θέντες, ἑανῷ λιτὶ κάλυψαν
ἐς πόδας ἐκ κεφαλῆς· καθύπερθε δὲ, φάρεϊ λευκῷ.
Παννύχιοι μὲν ἔπειτα πόδας ταχὺν ἀμφ' Ἀχιλῆα
Μυρμιδόνες Πάτροκλον ἀνεστενάχοντο γοῶντες.

Ζεὺς δ' Ἥρην προσέειπε κασιγνήτην ἄλοχόν τε·
« Ἔπρηξας καὶ ἔπειτα, βοῶπις πότνια Ἥρη,
ἀνστήσασ' Ἀχιλῆα πόδας ταχύν· ἦ ῥά νυ σεῖο
ἐξ αὐτῆς ἐγένοντο καρηκομόωντες Ἀχαιοί. »

Τὸν δ' ἠμείβετ' ἔπειτα βοῶπις πότνια Ἥρη·
« Αἰνότατε Κρονίδη, ποῖον τὸν μῦθον ἔειπες;
Καὶ μὲν δή πού τις μέλλει βροτὸς ἀνδρὶ τελέσσαι,
ὅσπερ θνητός τ' ἐστι, καὶ οὐ τόσα μήδεα οἶδε·
πῶς δὴ ἔγωγ', ἥ φημι θεάων ἔμμεν ἀρίστη,
ἀμφότερον, γενεῇ τε καὶ οὕνεκα σὴ παράκοιτις
κέκλημαι, σὺ δὲ πᾶσι μετ' ἀθανάτοισιν ἀνάσσεις,
οὐκ ὄφελον Τρώεσσι κοτεσσαμένη κακὰ ῥάψαι; »

Ὣς οἱ μὲν τοιαῦτα πρὸς ἀλλήλους ἀγόρευον.

ils l'étendent sur un lit, l'enveloppent des pieds à la tête d'un léger linceul, et le recouvrent encore d'un voile éclatant de blancheur. Les Myrmidons, rassemblés autour de l'impétueux Achille, pleurent et gémissent toute la nuit sur l'infortuné Patrocle.

Alors Jupiter dit à Junon, sa sœur et son épouse :

« Tu triomphes enfin, vénérable Junon au regard imposant, puisque tu viens de ramener au combat Achille aux pieds rapides. Ah! c'est de toi sans doute que sont issus les Achéens à la longue chevelure! »

La vénérable Junon, au regard imposant, lui répond aussitôt :

« Terrible fils de Saturne, quel langage! Quoi! un mortel, un homme qui n'a point notre science, pourra exécuter ses desseins contre un autre homme; et moi, la plus noble des déesses par la naissance, moi l'épouse du plus puissant des immortels, je n'aurai pu, dans ma colère, préparer la ruine des Troyens! »

Tandis qu'ils s'entretiennent ainsi, Thétis aux pieds d'argent ar-

ILIADE, XVIII.

θέντες δὲ ἐν λεχέεσσι, et l'ayant placé sur un lit,
ἐκάλυψαν λιτὶ ἑανῷ ils le couvrirent d'une toile souple
ἐκ κεφαλῆς ἐς πόδας, de la tête aux pieds,
καθύπερθε δὲ, φάρεϊ λευκῷ. et en dessus, d'un voile blanc.
Ἔπειτα μὲν Μυρμιδόνες Ensuite à la vérité les Myrmidons
ἀνεστενάχοντο Πάτροκλον pleuraient Patrocle
πάντες παννύχιοι gémissant toute-la-nuit
ἀμφὶ Ἀχιλῆα autour d'Achille
ταχὺν πόδας. rapide *quant* aux pieds.

Ζεὺς δὲ προσέειπεν Ἥρην Et Jupiter dit à Junon
κασιγνήτην ἄλοχόν τε· sa sœur et *son* épouse :
« Ἔπρηξας καὶ ἔπειτα, « Tu as réussi enfin,
πότνια Ἥρη vénérable Junon
βοῶπις, aux-yeux-de-génisse,
ἀνστήσασα ayant fait-lever *pour le combat*
Ἀχιλῆα ταχὺν πόδας· Achille rapide *quant* aux pieds ;
ἦ ῥά νυ Ἀχαιοὶ καρηκομόωντες certes donc les Achéens chevelus
ἐγένοντο ἐκ σεῖο αὐτῆς. » sont nés de toi-même. »

Ἔπειτα δὲ πότνια Ἥρη Et ensuite la vénérable Junon
βοῶπις aux-yeux-de-génisse
ἠμείβετο τόν· répondit à lui :
« Αἰνότατε Κρονίδη, « Très-terrible fils-de-Saturne,
ποῖον τὸν μῦθον ἔειπες ; quel discours as-tu prononcé ?
Καὶ μὲν δή πού Et à la vérité sans doute
τις βροτός, ὅσπερ τέ ἐστι θνητός, un homme, qui est mortel,
καὶ οὐκ οἶδε τόσα μήδεα, et qui ne sait pas autant de conseils,
μέλλει τελέσσαι ἀνδρί· doit faire *cela* contre un homme ;
πῶς δὴ ἔγωγε, comment donc moi,
ἥ φημι ἔμμεν qui dis être
ὑψίστη θεάων, la meilleure (la première) des déesses,
ἀμφότερον, sous-deux-rapports,
γενεῇ τε et par la naissance
καὶ οὕνεκα κέκλημαι et parce que je suis appelée
σὴ παράκοιτις, ton épouse,
σὺ δὲ ἀνάσσεις or toi tu règnes
μετὰ πᾶσιν ἀθανάτοισιν, parmi tous les immortels,
οὐκ ὄφελον κοτεσσαμένη je ne devais pas étant irritée
ῥάψαι κακὰ Τρώεσσιν ; » machiner des maux aux Troyens ? »

Ὣς οἱ μὲν ἀγόρευον Ainsi ceux-ci à la vérité disaient
ταῦτα πρὸς ἀλλήλους. de telles choses l'un à l'autre.

Ἡφαίστου δ' ἵκανε δόμον Θέτις ἀργυρόπεζα,
ἄφθιτον, ἀστερόεντα, μεταπρεπέ' ἀθανάτοισι, 370
χάλκεον, ὅν ῥ' αὐτὸς ποιήσατο Κυλλοποδίων.
Τὸν δ' εὗρ' ἱδρώοντα, ἑλισσόμενον περὶ φύσας,
σπεύδοντα· τρίποδας γὰρ ἐείκοσι πάντας ἔτευχεν,
ἑστάμεναι περὶ τοῖχον ἐϋσταθέος μεγάροιο·
χρύσεα δέ σφ' ὑπὸ κύκλα ἑκάστῳ πυθμένι θῆκεν, 375
ὄφρα οἱ αὐτόματοι θεῖον δυσαίατ' ἀγῶνα,
ἠδ' αὖτις πρὸς δῶμα νεοίατο, θαῦμα ἰδέσθαι.
Οἱ δ' ἤτοι τόσσον μὲν ἔχον τέλος, οὔατα δ' οὔπω
δαιδάλεα προσέκειτο· τά ῥ' ἤρτυε, κόπτε δὲ δεσμούς.
Ὄφρ' ὅγε ταῦτ' ἐπονεῖτο ἰδυίῃσι πραπίδεσσι, 380
τόφρα οἱ ἐγγύθεν ἦλθε θεὰ Θέτις ἀργυρόπεζα.
Τὴν δὲ ἴδε προμολοῦσα Χάρις λιπαροκρήδεμνος,
καλή, τὴν ὤπυιε περικλυτὸς Ἀμφιγυήεις·
ἔν τ' ἄρα οἱ φῦ χειρί, ἔπος τ' ἔφατ' ἔκ τ' ὀνόμαζε·

rive au palais de Vulcain, palais éternel, éclatant, et superbe parmi ceux des immortels, demeure d'airain que le dieu boiteux avait lui-même construite. Elle trouve Vulcain couvert de sueur, tournant autour de ses soufflets et se livrant avec ardeur au travail. Il fabriquait vingt trépieds qui devaient trouver place auprès du mur de son solide palais; sous chacun d'eux il attache des roulettes d'or, afin que d'eux-mêmes, prodige admirable! ils puissent se rendre à l'assemblée des dieux et retourner ensuite dans leur demeure. Ces trépieds étaient presque entièrement achevés; mais le dieu n'y avait point encore adapté les anses magnifiques; en ce moment il les préparait et en forgeait les liens. Tandis qu'artisan industrieux, il polit son travail, Thétis, la déesse aux pieds d'argent, s'approche de lui. La belle Charis, au voile éclatant, l'épouse de l'illustre dieu boiteux, l'aperçoit la première; elle la prend aussitôt par la main, et lui parle en ces termes:

Θέτις δὲ ἀργυρόπεζα	Et Thétis aux-pieds-d'argent
ἵκανε δῶμον Ἡφαίστου,	vint à la demeure de Vulcain,
ἄφθιτον, ἀστερόεντα,	*demeure* incorruptible, étoilée,
μεταπρεπέα ἀθανάτοισι,	distinguée-parmi *celles des* immor*tels,*
χάλκεον, ὅν ῥα ποιήσατο	d'-airain, laquelle avait faite [tels,]
Κυλλοποδίων αὐτός.	*le dieu* boiteux lui-même.
Εὗρε δὲ τὸν ἱδρώοντα,	Or elle trouva celui-ci suant,
ἑλισσόμενον περὶ φύσας,	s'empressant autour des soufflets,
σπεύδοντα·	agissant-activement;
τεύχε γὰρ	car il fabriquait
εἴκοσι τρίποδας πάντας,	vingt trépieds en-tout,
ἑστάμεναι περὶ τοῖχον	pour se tenir auprès du mur
μεγάροιο ἐϋσταθέος·	du palais solidement-fondé;
ὑπὸ δὲ ἑκάστῳ πυθμένι	et sous chaque pied
θῆκέ σφι κύκλα χρύσεα,	il plaça à eux des roulettes d'-or,
ὄφρα δυσαίατό οἱ	afin qu'ils entrassent à lui
αὐτόματοι	d'eux-mêmes
ἀγῶνα θεῖον,	dans l'assemblée divine,
ἠδὲ νεοίατο αὖτις	et qu'ils vinssent de nouveau
πρὸς δῶμα,	dans *sa* demeure,
θαῦμα ἰδέσθαι.	prodige à voir.
Οἱ δὲ ἦτοι ἔχον	Or ceux-ci certes avaient
τέλος τόσον μὲν,	un achèvement tel à la vérité,
οὔατα δὲ δαιδάλεα	mais des anses artistement-travaillées
οὔπω προσέκειτο·	n'y étaient pas encore attachées;
τά ῥα ἤρτυε,	lesquelles donc il préparait,
κόπτε δὲ δεσμούς.	et il battait (forgeait) des liens.
Ὄφρα ὅγε	Tandis que celui-ci
ἐπονεῖτο ταῦτα	travaillait ces *objets*
πραπίδεσσιν ἰδυίῃσι,	dans *son* esprit habile,
τόφρα	pendant-ce-temps
θεὰ Θέτις ἀργυρόπεζα	la déesse Thétis aux-pieds-d'argent
ἦλθέν οἱ ἐγγύθεν.	vint à lui tout-près.
Καλὴ δὲ Χάρις	Or la belle Charis
λιπαροκρήδεμνος,	au-voile-éclatant,
τὴν ὤπυιε	qu'avait prise-pour-femme
περικλυτὸς Ἀμφιγυήεις,	l'illustre *Dieu* boiteux,
προμολοῦσα ἴδε τήν·	s'étant avancée vit celle-ci;
ἐν ἔφυ τε ἄρα χειρί οἱ,	et donc elle s'attacha à la main à elle,
ἔφατό τε ἐξονόμαζέ τε ἔπος·	et pensa et dit *cette* parole :

ILIADE. XVIII.

3

« Τίπτε, Θέτι τανύπεπλε, ἱκάνεις ἡμέτερον δῶ,
αἰδοίη τε φίλη τε; Πάρος γε μὲν οὔτι θαμίζεις.
Ἀλλ' ἕπεο προτέρω, ἵνα τοι πὰρ ξείνια θείω. »

Ὣς ἄρα φωνήσασα, πρόσω ἄγε δῖα θεάων.
Τὴν μὲν ἔπειτα καθεῖσεν ἐπὶ θρόνου ἀργυροήλου,
καλοῦ, δαιδαλέου· ὑπὸ δὲ θρῆνυς ποσὶν ἦε·
κέκλετο δ' Ἥφαιστον κλυτοτέχνην, εἶπέ τε μῦθον·

« Ἥφαιστε, πρόμολ' ὧδε· Θέτις νύ τι σεῖο χατίζει. »
Τὴν δ' ἠμείβετ' ἔπειτα περικλυτὸς Ἀμφιγυήεις·

« Ἦ ῥά νύ μοι δεινή τε καὶ αἰδοίη θεὸς ἔνδον·
ἥ μ' ἐσάωσ', ὅτε μ' ἄλγος ἀφίκετο, τῆλε πεσόντα,
μητρὸς ἐμῆς ἰότητι κυνώπιδος, ἥ μ' ἐθέλησε
κρύψαι, χωλὸν ἐόντα· τότ' ἂν πάθον ἄλγεα θυμῷ,
εἰ μή μ' Εὐρυνόμη τε Θέτις θ' ὑπεδέξατο κόλπῳ,
Εὐρυνόμη, θυγάτηρ ἀψοῤῥόου Ὠκεανοῖο.

« Déesse au long voile, chère et auguste Thétis, pourquoi viens-tu dans nos demeures? Jusqu'ici tu n'y étais pas entrée. Approche cependant, et je vais t'offrir les dons de l'hospitalité. »

A ces mots, la plus noble des déesses introduit Thétis; elle la fait asseoir sur un trône splendide, orné de clous d'argent et ciselé avec art; elle place une escabelle sous ses pieds; et, appelant Vulcain, le célèbre artisan, elle lui dit :

« Accours, ô Vulcain; Thétis réclame ton secours. »

L'illustre dieu boiteux lui répond :

« Oui, sans doute, une auguste et respectable déesse est dans mon palais; c'est elle qui me sauva, lorsqu'après une horrible chute, je souffrais des maux cruels par l'imprudence d'une mère barbare qui voulait cacher ma difformité. Alors j'aurais dans mon cœur ressenti de vives douleurs, si Eurynome et Thétis ne m'eussent reçu dans leur sein, Eurynome, fille de l'Océan au reflux éternel. Près d'elles, pen-

« Τίπτε, Θέτι τανύπεπλε,
ἱκάνεις τε φίλη τε,
ἡμέτερον δῶ;
Πρίν γε μὲν
οὔτι θαμίζεις.
Ἀλλ᾽ ἕπεο προτέρω,
ἵνα τοι παρθείω
ξείνια. »

Φωνήσασα ἄρα ὣς,
δῖα θεάων
ἦγε πρόσω.
Ἔπειτα μὲν
καθεῖσε τὴν
ἐπὶ θρόνου ἀργυροήλου,
καλοῦ, δαιδαλέου·
θρῆνυς δὲ ὑπῆε ποσί·
κέκλετο δὲ
Ἥφαιστον κλυτοτέχνην,
εἰπέ τε μῦθον·

« Ἥφαιστε, πρόμολε ὧδε·
Θέτις νυ χατίζει σεῖο
τι. »

Περικλυτὸς δὲ Ἀμφιγυήεις
ἠμείβετο ἔπειτα τήν·

« Ἦ ῥά νυ θεός
αἰδοίη τε καὶ αἰδοίη
μοι ἔνδον·
ἥ μ᾽ ἐσάωσέ με,
ὅτε ἄλγος ἀφίκετό με,
πεσόντα τῆλε,
ἰότητι
ἐμῆς μητρὸς κυνώπιδος,
ἣ ἐθέλησε κρύψαι με,
ὄντα χωλόν·
τότε ἂν πάθον ἄλγεα
θυμῷ,
εἰ Εὐρυνόμη τε Θέτις τε
μὴ ὑπεδέξατό με κόλπῳ,
Εὐρυνόμη,
θυγάτηρ Ὠκεανοῖο ἀψορρόου.

« Pourquoi, Thétis au-long-voile,
et vénérable et chérie,
viens-tu dans notre demeure?
Auparavant du moins à la vérité
tu ne viens (venais)-pas-fréquemment.
Mais suis-moi (viens) plus-avant,
afin que je place-près de toi
les dons-de-l'hospitalité. »

Ayant donc parlé ainsi,
la plus auguste des déesses
la conduisit en avant.
Ensuite à la vérité
elle fit-asseoir elle
sur un trône aux-clous-d'argent,
beau, artistement-travaillé ;
et une escabelle était-sous ses pieds ;
et elle appela
Vulcain illustre-artisan,
et lui dit cette parole :

« Vulcain, avance ici ;
Thétis certes a-besoin de toi
en quelque chose. »

Et l'illustre dieu boiteux
répondit ensuite à elle :

« Certes sans doute une déesse
et grande et respectable
est à moi à-l'intérieur du palais,
laquelle sauva moi,
lorsque la douleur pénétra moi,
étant tombé au loin,
par suite du désir
de ma mère impudente,
qui voulut cacher moi
étant (parce que j'étais) boiteux ;
alors j'aurais souffert des douleurs
dans mon cœur,
si et Eurynome et Thétis
n'eussent reçu moi dans leur sein,
Eurynome,
fille de l'Océan qui-a-un-reflux.

Τῇσι παρ' εἰνάετες χάλκευον δαίδαλα πολλὰ,
πόρπας τε γναμπτάς θ' ἕλικας, κάλυκάς τε καὶ ὅρμους,
ἐν σπῆϊ γλαφυρῷ· περὶ δὲ ῥόος Ὠκεανοῖο
ἀφρῷ μορμύρων ῥέεν ἄσπετος· οὐδέ τις ἄλλος
ᾔδεεν, οὔτε θεῶν, οὔτε θνητῶν ἀνθρώπων,
ἀλλὰ Θέτις τε καὶ Εὐρυνόμη ἴσαν, αἵ μ' ἐσάωσαν.
Ἣ νῦν ἡμέτερον δόμον ἵκει· τῷ με μάλα χρεὼ
πάντα Θέτι καλλιπλοκάμῳ ζωάγρια τίνειν.
Ἀλλὰ σὺ μὲν νῦν οἱ παράθες ξεινήϊα καλὰ,
ὄφρ' ἂν ἐγὼ φύσας ἀποθείομαι ὅπλα τε πάντα. »

Ἦ, καὶ ἀπ' ἀκμοθέτοιο πέλωρ αἴητον ἀνέστη,
χωλεύων· ὑπὸ δὲ κνῆμαι ῥώοντο ἀραιαί.
Φύσας μέν ῥ' ἀπάνευθε τίθει πυρὸς, ὅπλα τε πάντα
λάρνακ' ἐς ἀργυρέην συλλέξατο, τοῖς ἐπονεῖτο·
σπόγγῳ δ' ἀμφὶ πρόσωπα καὶ ἄμφω χεῖρ' ἀπομόργνυ,

dant neuf années, je fis de nombreux objets d'art, des agrafes, des bracelets recourbés, des anneaux et des colliers, au fond d'une grotte que l'Océan, dans son cours mugissant, entourait de son écume. Ma retraite était ignorée des dieux et des hommes; mais elle était connue de Thétis et d'Eurynome qui m'avaient sauvé. C'est Thétis qui vient aujourd'hui dans ma demeure; aussi je dois payer à cette belle déesse le prix de mon salut. Toi, Charis, offre-lui de beaux présents d'hospitalité, tandis que je vais déposer mes soufflets et tous les instruments de mes travaux. »

A ces mots, le dieu monstrueux quitte son enclume et s'éloigne en boitant; ses jambes grêles se meuvent avec agilité. Il place ses soufflets loin du feu, et réunit dans un coffre d'argent tous les instruments de ses travaux; puis avec une éponge il essuie son front, ses mains, son

Περὶ τῇσιν εἰνάετες	Auprès de celles-ci pendant-neuf-ans
χάλκευον	je fabriquais
δαίδαλα πολλὰ,	des ornements nombreux,
πόρπας τε	et des agrafes
ἕλικάς τε γναμπτὰς,	et des bracelets recourbés,
κάλυκάς τε καὶ ὅρμους,	et des anneaux et des colliers,
ἐν σπῆϊ γλαφυρῷ·	dans une grotte creuse ;
ῥόος δὲ ἄσπετος Ὠκεανοῖο	et le courant immense de l'Océan
ἀφρῷ	coulait-tout-autour
μορμύρων ἀφρῷ·	mugissant avec écume ;
οὔτις δὲ ἄλλος, οὔτε θεῶν,	et aucun autre, ni des dieux,
οὔτε ἀνθρώπων θνητῶν,	ni des hommes mortels,
ᾔδειν,	ne le savait,
ἀλλὰ Θέτις τε καὶ Εὐρυνόμη,	mais et Thétis et Eurynome,
αἵ ἐσάωσάν με,	qui sauvèrent (avaient sauvé) moi,
ἴσαν.	le savaient.
Ἣ νῦν ἵκει	C'est elle qui maintenant vient
ἡμέτερον δόμον·	dans notre demeure ;
τῷ μάλα χρεώ	aussi il est tout-à-fait besoin
με τίνειν πάντα ζωάγρια	moi payer tout prix-du-salut
Θέτι καλλιπλοκάμῳ.	à Thétis aux-belles-tresses.
Ἀλλὰ σὺ μὲν νῦν	Mais toi à la vérité maintenant
παρθές οἱ	place-devant elle
καλὰ ξεινήϊα,	de beaux dons-d'hospitalité,
ὄφρα ἐγὼ ἂν ἀποθείομαι	tandis que moi je déposerai
φύσας	mes soufflets
πάντα τε ὅπλα. »	et tous mes instruments. »
Ὣρ αὐητὸν ἦ,	Le monstre impétueux dit,
καὶ ἀνέστη ἀπὸ ἀκμοθέτοιο,	et se leva du billot-de-l'enclume,
χωλεύων·	en boitant ;
κνῆμαι δὲ ἀραιαὶ	et ses jambes grêles
ῥώοντο ὑπό.	se mouvaient-avec-rapidité sous lui.
Τίθει μὲν	Il plaça donc à la vérité
φύσας ἀπάνευθε πυρὸς,	ses soufflets loin du feu,
συλλέξατό τε πάντα ὅπλα,	et réunit tous les instruments,
τοῖς ἐπονεῖτο,	avec lesquels il travaillait,
ἐς λάρνακα ἀργυρέην·	dans un coffre d'argent ;
σπόγγῳ δὲ	et avec une éponge
ἀπομόργνυ ἀμφὶ	il essuya tout-autour
πρόσωπα καὶ ἄμφω χεῖρε,	son front et ses deux mains,

αὐχένα τε στιβαρὸν καὶ στήθεα λαχνήεντα·
δῦ δὲ χιτῶν'· ἕλε δὲ σκῆπτρον παχὺ, βῆ δὲ θύραζε,
χωλεύων· ὑπὸ δ' ἀμφίπολοι ῥώοντο ἄνακτι,
χρύσειαι, ζωῇσι νεήνισιν εἰοικυῖαι.
Τῇς ἐν μὲν νόος ἐστὶ μετὰ φρεσὶν, ἐν δὲ καὶ αὐδὴ,
καὶ σθένος, ἀθανάτων δὲ θεῶν ἄπο ἔργα ἴσασιν.
Αἱ μὲν ὕπαιθα ἄνακτος ἐποίπνυον· αὐτὰρ ὁ ἔρρων,
πλησίον, ἔνθα Θέτις περ, ἐπὶ θρόνου ἷζε φαεινοῦ·
ἔν τ' ἄρα οἱ φῦ χειρὶ, ἔπος τ' ἔφατ' ἔκ τ' ὀνόμαζε·
« Τίπτε, Θέτι τανύπεπλε, ἱκάνεις ἡμέτερον δῶ,
αἰδοίη τε φίλη τε; Πάρος γε μὲν οὔτι θαμίζεις.
Αὔδα ὅ τι φρονέεις· τελέσαι δέ με θυμὸς ἄνωγεν,
εἰ δύναμαι τελέσαι γε, καὶ εἰ τετελεσμένον ἐστί. »
Τὸν δ' ἠμείβετ' ἔπειτα Θέτις κατὰ δάκρυ χέουσα·
« Ἥφαιστ', ἦ ἄρα δή τις, ὅσαι θεαί εἰσ' ἐν Ὀλύμπῳ,
τοσσάδ' ἐνὶ φρεσὶν ᾗσιν ἀνέσχετο κήδεα λυγρὰ,

cou vigoureux et sa poitrine velue; il revêt une tunique, s'appuie sur un sceptre solide, et sort en boitant. Sous les ordres du dieu s'empressent deux servantes, statues d'or semblables à de jeunes filles vivantes; elles ont en partage l'intelligence, la voix, la force, et les dieux immortels leur apprirent à travailler. Elles sont actives à servir leur maître; le dieu s'avance et va s'asseoir sur un trône éclatant auprès de Thétis. Il la prend par la main, et lui parle en ces termes :

« Déesse au long voile, chère et auguste Thétis, pourquoi viens-tu dans nos demeures? Jusqu'ici tu n'y étais pas entrée. Parle, exprime ta pensée; car tout mon désir est d'accomplir tes vœux, si du moins j'en ai le pouvoir, et si la chose est possible. »

Thétis lui répond en versant des larmes :

« Vulcain, parmi toutes les déesses qui habitent l'Olympe, en est-il une dont le cœur ait supporté des douleurs aussi nombreuses,

ILIADE, XVIII.   55

αὐχένα τε στιϐαρὸν
καὶ στήθεα λαχνήεντα·
τῷ δὲ χιτῶνα·
Οἱ δὲ σκῆπτρον παχύ,
βῆ δὲ θύραζε, χωλεύων·
ἀμφίπολοι δὲ χρύσειαι,
ἐοικυῖαι
ζωῇσι νεήνισι,
ῥώοντο
ὑπὸ ἄνακτι.
Τῇς μὲν ἔνεστι
νόος μετὰ φρεσὶν,
ἐν δὲ καὶ αὐδὴ,
καὶ σθένος,
ἴσασι δὲ ἔργα
ὑπὸ θεῶν ἀθανάτων.
Αἱ μὲν
ἐποίπνυον ὕπαιθα ἄνακτος·
αὐτὰρ ὁ ἐρρῶν
ἷζεν ἐπὶ θρόνου φαεινοῦ,
πλησίον ἔνθα περ Θέτις·
ἔν τε ἄρα χειρὶ οἱ,
ἔφατό τε ἐξονόμαζέ τε ἔπος·
« Τίπτε, Θέτι τανύπεπλε,
αἰδοίη τε φίλη τε,
ἱκάνεις ἡμέτερον δῶ;
Πάρος γε μὲν
οὔτι θαμίζεις.
Αὔδα ὅ τι φρονέεις·
θυμὸς δὲ ἄνωγέ με
τελέσαι,
εἴ γε δύναμαι τελέσαι,
καὶ εἰ ἔστι τετελεσμένον. »
Θέτις δὲ χέουσα δάκρυ
ἠμείϐετο ἔπειτα τόν·
« Ἥφαιστε,
ἦ ἄρα δή τις,
ὅσαι εἰσὶ θεαὶ
ἐν Ὀλύμπῳ,
ἀνέσχετο ᾗσι φρεσὶ

et son cou vigoureux
et sa poitrine velue;
et il revêtit une tunique;
et il prit un bâton épais (solide),
et il alla dehors, en boitant;
et des servantes d'-or,
ressemblant
à des jeunes-filles vivantes,
s'empressaient   [dieu).
sous le (aux ordres du) souverain (du
Dans celles-ci à la vérité est
l'intelligence dans l'esprit,
dans celles-ci est aussi la voix,
et la force,
et elles savent(ont appris) les ouvrages
des dieux immortels.
Celles-ci à la vérité   [rain (du dieu);
étaient-empressées auprès du souve-
or celui-ci s'avançant
s'assit sur un trône éclatant,
près de l'endroit, où était Thétis;
et donc il s'attacha à la main à elle,
et pensa et dit cette parole :
« Pourquoi, Thétis au-long-voile,
et vénérable et chérie,
es-tu venue dans notre demeure?
Auparavant du moins à la vérité
tu ne viens(venais)-pas-fréquemment.
Dis ce que tu penses;
or mon cœur excite moi
à accomplir cela,
si du moins je puis l'accomplir,
et si cela a déjà été accompli. »
Or Thétis versant des larmes
répondit ensuite à lui :
« Vulcain,
est-ce que donc quelqu'une,
autant-qu'il y a de déesses
dans l'Olympe,
a supporté dans son cœur

ὅσσ' ἐμοὶ ἐκ πασέων Κρονίδης Ζεὺς ἄλγε' ἔδωκεν;
Ἐκ μέν μ' ἀλλάων ἁλιάων ἀνδρὶ δάμασσεν,
Αἰακίδῃ Πηλῆϊ, καὶ ἔτλην ἀνέρος εὐνήν,
πολλὰ μάλ' οὐκ ἐθέλουσα· ὁ μὲν δὴ γήραϊ λυγρῷ
κεῖται ἐνὶ μεγάροις ἀρημένος. Ἄλλα δέ μοι νῦν· 435
υἱὸν ἐπεί μοι δῶκε γενέσθαι τε τραφέμεν τε,
ἔξοχον ἡρώων (ὁ δ' ἀνέδραμεν ἔρνεϊ ἶσος),
τὸν μὲν ἐγὼ θρέψασα, φυτὸν ὣς γουνῷ ἀλωῆς,
νηυσὶν ἐπιπροέηκα κορωνίσιν Ἴλιον εἴσω,
Τρωσὶ μαχησόμενον· τὸν δ' οὐχ ὑποδέξομαι αὖτις, 440
οἴκαδε νοστήσαντα, δόμον Πηλήϊον εἴσω.
Ὄφρα δέ μοι ζώει καὶ ὁρᾷ φάος ἠελίοιο,
ἄχνυται, οὐδέ τί οἱ δύναμαι χραισμῆσαι ἰοῦσα.
Κούρην ἥν ἄρα οἱ γέρας ἔξελον υἷες Ἀχαιῶν,
τὴν ἂψ ἐκ χειρῶν ἕλετο κρείων Ἀγαμέμνων. 445
Ἤτοι ὁ τῆς ἀχέων, φρένας ἔφθιεν· αὐτὰρ Ἀχαιοὺς

aussi vives, que celles dont m'accable Jupiter, fils de Saturne? Des divinités de la mer je suis la seule qu'il ait soumise à un mortel, à Pélée, fils d'Éaque, et c'est bien malgré moi que j'ai partagé la couche d'un mortel; et maintenant, accablé sous le poids d'une triste vieillesse, Pélée languit dans son palais. Pour comble de malheur, Jupiter m'accorda de mettre au monde et de nourrir un fils, le plus distingué des héros, un fils qui s'était développé comme une jeune plante; après l'avoir élevé comme l'arbrisseau qui croît dans un terrain fertile, je l'envoyai vers Ilion sur des vaisseaux recourbés pour combattre les Troyens; et je ne le recevrai plus de retour dans les demeures de Pélée. Mais tandis qu'il respire encore et qu'il voit la lumière du soleil, il est plongé dans la tristesse, et je ne puis le secourir! La jeune captive que les fils des Achéens lui avaient donnée comme récompense, le puissant Agamemnon la lui a ravie. Dès lors Achille éploré se consuma de douleur. Les Troyens cependant tinrent

ILIADE, XVIII.

τοσσάδε κήδεα λυγρὰ,	autant de douleurs pénibles,
ὅσσα Ζεὺς Κρονίδης	que Jupiter fils-de-Saturne
ἔδωκεν ἄλγεα	a donné de douleurs
ἐμοὶ ἐκ πασέων;	à moi parmi toutes *les déesses*?
Δάμασσε μέν με	Il a soumis à la vérité moi *seule*
ἐξ ἀλλάων ἁλιάων	parmi les autres *déesses* de-la-mer
ἀνδρί, Πηλῆϊ Αἰακίδῃ,	à un homme, à Pélée fils-d'Éaque,
καὶ ἔτλην	et j'ai supporté
εὐνὴν ἀνέρος,	la couche de *cet* homme,
πολλὰ μάλα οὐκ ἐθέλουσα·	tout-à-fait ne *le* voulant pas ;
ὁ μὲν δὴ	celui-ci à la vérité maintenant
κεῖται ἐνὶ μεγάροις	est-gisant dans *ses* demeures
ἀρημένος γήραϊ λυγρῷ.	accablé par une vieillesse triste.
Καὶ δὲ	Et *Jupiter* a envoyé à moi
ἄλλα νῦν ·	d'autres *maux* maintenant :
ἐπεὶ ἔδωκέ μοι	après qu'il eut accordé à moi
υἱὸν γενέσθαι τε τραφέμεν τε,	un fils et naître et grandir,
ἔξοχον ἡρώων,	un *fils* le-plus-distingué des héros,
(ὁ δὲ ἀνέδραμεν	(or celui-ci avait grandi
ἴσος ἔρνεϊ),	semblable à une plante),
ἐγὼ μὲν θρέψασα τὸν,	moi à la vérité ayant élevé lui,
ὡς φυτὸν	comme une plante
γουνῷ ἀλωῆς,	dans la partie-fertile d'une plaine,
ἐπιπροέηκα εἴσω Ἴλιον	j'envoyai dans Ilion
νηυσὶ κορωνίσι	sur des vaisseaux recourbés
μαχησόμενον Τρώεσσιν·	*lui*, devant combattre les Troyens ;
οὐχ ὑποδέξομαι δὲ αὖτις	mais je ne recevrai plus de nouveau
τὸν, νοστήσαντα οἴκαδε,	lui, étant revenu dans-sa-patrie,
εἴσω δόμον Πηλήϊον.	dans la demeure de-Pélée.
Ὄφρα δὲ ζώει μοι	Et tandis qu'il vit à moi
καὶ ὁρᾷ φάος ἠελίοιο,	et qu'il voit la lumière du soleil,
ἄχνυται,	il est affligé,
οὐ δύναμαι δὲ ἰοῦσα	et je ne puis étant allée
χραισμῆσαί οἱ τι.	secourir lui en quelque chose.
Κρείων Ἀγαμέμνων	Le souverain Agamemnon [mains
ἕλετο δὴ ἐκ χειρῶν	*lui* a pris de nouveau (repris) des
κούρην	la jeune-fille
ἣν υἷες Ἀχαιῶν ἄρα	que les fils des Achéens donc
ἐξέλον οἱ γέρας.	choisirent à lui *comme* récompense.
Ἤτοι ὁ ἔφθιε φρένας,	Celui-ci donc consumait *ses* esprits,

3.

58 ΙΛΙΑΔΟΣ Σ.

Τρῶες ἐπὶ πρύμνῃσιν ἐείλεον, οὐδὲ θύραζε
εἴων ἐξιέναι· τὸν δὲ λίσσοντο γέροντες
Ἀργείων, καὶ πολλὰ περικλυτὰ δῶρ' ὀνόμαζον.
Ἔνθ' αὐτὸς μὲν ἔπειτ' ἠναίνετο λοιγὸν ἀμῦναι·
αὐτὰρ ὁ Πάτροκλον περὶ μὲν τὰ ἃ τεύχεα ἕσσε,
πέμπε δέ μιν πόλεμόνδε, πολὺν δ' ἅμα λαὸν ὄπασσε.
Πᾶν δ' ἦμαρ μάρναντο περὶ Σκαιῇσι πύλῃσι·
καί νύ κεν αὐτῆμαρ πόλιν ἔπραθον, εἰ μὴ Ἀπόλλων
πολλὰ κακὰ ῥέξαντα Μενοιτίου ἄλκιμον υἱὸν
ἔκταν' ἐνὶ προμάχοισι, καὶ Ἕκτορι κῦδος ἔδωκε.
Τούνεκα νῦν τὰ σὰ γούναθ' ἱκάνομαι, αἴ κ' ἐθέλῃσθα
υἱεῖ ἐμῷ ὠκυμόρῳ δόμεν ἀσπίδα καὶ τρυφάλειαν,
καὶ καλὰς κνημῖδας, ἐπισφυρίοις ἀραρυίας,
καὶ θώρηχ'· ὃ γὰρ ἦν οἱ, ἀπώλεσε πιστὸς ἑταῖρος,
Τρωσὶ δαμείς· ὁ δὲ κεῖται ἐπὶ χθονὶ θυμὸν ἀχεύων. »

les Achéens renfermés dans leurs vaisseaux, et ne leur permirent plus d'en sortir; les plus vénérables des Grecs vinrent supplier Achille et lui promirent de nombreux et de riches présents; il refusa d'écarter d'eux le malheur qui les menaçait, mais il remit ses armes à Patrocle, et l'envoya au combat avec une nombreuse armée. Durant tout le jour, ils combattirent devant les portes Scées, et certes ils auraient détruit la ville, si Apollon n'eût immolé aux premiers rangs le valeureux fils de Ménétius qui portait la mort de tous côtés, et s'il n'eût accordé la victoire à Hector. Je viens donc maintenant me jeter à tes genoux, je viens te supplier de donner à mon fils, dont la vie doit être si courte, un bouclier, un casque, de belles cnémides garnies d'oreilles, et une cuirasse; les armes qu'il avait, son fidèle compagnon les a perdues, dompté par les Troyens; et maintenant Achille reste étendu sur la terre, le cœur accablé de tristesse. »

ἐχέων τῆς ·	étant affligé à cause d'elle;
αὐτὰρ Τρῶες	mais les Troyens
ἔιλεον Ἀχαιοὺς	refoulaient les Achéens
ἐπὶ πρύμνῃσιν,	près de leurs vaisseaux,
οὐδὲ εἴων	et ne leur permettaient pas
ἐξιέναι θύραζε ·	de sortir au dehors;
γέροντες δὲ Ἀργείων	ой les anciens d'entre les Argiens
λίσσοντο τόν,	suppliaient celui-ci,
καὶ ὀνόμαζον	et lui énuméraient (promettaient)
πολλὰ δῶρα περικλυτά.	beaucoup-de présents illustres.
Ἔνθα αὐτὸς μὲν ἔπειτα	Alors lui-même à la vérité ensuite
ἠναίνετο ἀμῦναι λοιγόν ·	refusa d'écarter d'eux la perte;
αὐτὰρ ὁ περίεσσε μὲν Πάτροκλον	mais il revêtit Patrocle
τὰ ἃ τεύχεα,	de ses armes,
πέμπε δέ μιν πόλεμόνδε,	et il envoya lui au-combat,
ὄπασσε δὲ ἅμα	et il lui fournit en-même-temps
λαὸν πολύν.	un peuple (des guerriers) nombreux.
Μάρναντο δὲ πᾶν ἦμαρ	Or ils combattaient tout le jour
περὶ πύλῃσι Σκαιῇσι ·	auprès des portes Scées;
καί νυ αὐτῆμαρ	et certes ce-jour-là-même
ἐκραδόν κε πόλιν,	ils auraient détruit la ville,
εἰ Ἀπόλλων μὴ ἔκτανεν	si Apollon n'eût tué
ἐνὶ προμάχοισιν	parmi les premiers-combattants
υἱὸν ἄλκιμον Μενοιτίου	le fils courageux de Ménétius
ῥέξαντα κακὰ πολλὰ,	qui-avait-fait des maux nombreux aux
καὶ ἔδωκε κῦδος	et n'eût donné la gloire [Troyens,
Ἕκτορι.	à Hector.
Τοὔνεκα νῦν	Pour-cela maintenant
ἱκάνομαι τὰ σὰ γούνατα,	je viens à tes genoux,
αἴ κεν ἐθέλῃσθα	pour voir si tu auras voulu (si tu veux)
δόμεν ἐμῷ υἱεῖ ὠκυμόρῳ	donner à mon fils au-court-destin
ἀσπίδα καὶ τρυφάλειαν,	un bouclier et un casque,
καὶ καλὰς κνημῖδας,	et de belles cnémides,
ἀραρυίας ἐπισφυρίοις,	bien-ajustées à des oreilles,
καὶ θώρηκα ·	et une cuirasse;
ἑταῖρος γὰρ πιστὸς,	car son compagnon fidèle,
δαμεὶς Τρώεσσιν,	ayant été dompté par les Troyens,
ἀπώλεσεν ὃ ἦν οἱ ·	a perdu celle qui était à lui;
ὁ δὲ κεῖται ἐπὶ χθονὶ	et lui (Achille) est-couché sur la terre
ἀχεύων θυμόν. »	étant affligé dans son cœur. »

Τὴν δ' ἠμείβετ' ἔπειτα περικλυτὸς Ἀμφιγυήεις·

« Θάρσει, μή τοι ταῦτα μετὰ φρεσὶ σῇσι μελόντων.
Αἲ γάρ μιν θανάτοιο δυσηχέος ὧδε δυναίμην
νόσφιν ἀποκρύψαι, ὅτε μιν μόρος αἰνὸς ἱκάνοι,
ὥς οἱ τεύχεα καλὰ παρέσσεται, οἷά τις αὖτε
ἀνθρώπων πολέων θαυμάσσεται, ὅς κεν ἴδηται! »

Ὡς εἰπών, τὴν μὲν λίπεν αὐτοῦ, βῆ δ' ἐπὶ φύσας·
τὰς δ' ἐς πῦρ ἔτρεψε, κέλευσέ τε ἐργάζεσθαι.
Φῦσαι δ' ἐν χοάνοισιν ἐείκοσι πᾶσαι ἐφύσων,
παντοίην εὔπρηστον ἀϋτμὴν ἐξανιεῖσαι,
ἄλλοτε μὲν σπεύδοντι παρέμμεναι, ἄλλοτε δ' αὖτε,
ὅππως Ἥφαιστός τ' ἐθέλοι, καὶ ἔργον ἄνοιτο.
Χαλκὸν δ' ἐν πυρὶ βάλλεν ἀτειρέα κασσίτερόν τε,
καὶ χρυσὸν τιμῆντα καὶ ἄργυρον· αὐτὰρ ἔπειτα
θῆκεν ἐν ἀκμοθέτῳ μέγαν ἄκμονα· γέντο δὲ χειρὶ
ῥαιστῆρα κρατερήν, ἑτέρηφι δὲ γέντο πυράγρην.

Ποίει δὲ πρώτιστα σάκος μέγα τε στιβαρόν τε,

L'illustre dieu boiteux lui répond :

« Rassure-toi; que ces soucis n'occupent point ton âme. Puissé-je préserver ton fils d'un affreux trépas, lorsqu'arrivera le moment fatal, aussi facilement que je peux lui donner des armes superbes dont la vue étonnera les mortels! »

A ces mots, il quitte la déesse et se dirige vers ses soufflets; il les approche du feu et leur ordonne d'agir. Tous alors soufflent dans vingt fourneaux, laissant échapper un air actif et habilement mesuré, tantôt impétueux, tantôt ralenti, selon les désirs de Vulcain, selon les besoins de son travail. Il jette dans le feu l'airain impénétrable, l'étain, l'or précieux et l'argent; puis il place sur un billot une énorme enclume, et prend d'une main un lourd marteau, et de l'autre une forte pince.

Il fait d'abord un grand et solide bouclier qu'il embellit avec art,

Περικλυτὸς δὲ Ἀμφιγυήεις
ἀμείβετο ἔπειτα τήν·
« Θάρσει, ταῦτα
μή μελόντων τοι
μετὰ σῇσι φρεσίν.
Αἲ γὰρ δυναίμην ὥδε
ἀποκρύψαι μιν νόσφιν
θανάτοιο δυσηχέος,
ὅτε μόρος αἰνὸς
ἱκάνοι μιν,
ὡς τεύχεα καλὰ παρέσσεταί οἱ,
οἷά τίς
ἀνθρώπων πολέων,
ὅς κεν ἴδηται,
θαυμάσσεται. »
Εἰπὼν ὥς,
λίπεν αὐτοῦ τὴν μὲν,
βῆ δὲ ἐπὶ φύσας·
τὰς δὲ τὰς ἐς πῦρ,
κέλευσέ τε ἐργάζεσθαι.
Πᾶσαι δὲ φῦσαι
ἐφύσων ἐν εἴκοσι χοάνοισιν,
ἐκνείουσαι ἀϋτμὴν παντοίην
εὔπρηστον,
παρέμμεναι
ἄλλοτε μὲν σπεύδοντι,
ἄλλοτε δὲ αὖτε,
ὅπως Ἥφαιστός τε ἐθέλοι,
καὶ ἔργον ἄνοιτο.
Βάλλε δὲ ἐν πυρὶ
χαλκὸν ἀτειρέα κασσίτερόν τε,
καὶ χρυσὸν τιμῆντα καὶ ἄργυρον·
αὐτὰρ ἔπειτα θῆκεν ἐν ἀκμοθέτῳ
μέγαν ἄκμονα·
γέντο δὲ χειρὶ
ῥαιστῆρα κρατερήν,
γέντο δὲ ἑτέρῃφι πυράγρην.
Ποίει δὲ πρώτιστα
σάκος μέγα τε στιβαρόν τε,
δαιδάλλων πάντοσε,

Or l'illustre *dieu* boiteux
répondit ensuite à elle :
« Rassure-toi, que ces choses
ne soient-pas-à-soin à toi
dans ton esprit.
Car plût-au-ciel-que je pusse ainsi
cacher lui à-l'écart
loin de la mort effroyable,
lorsque le destin terrible
arrivera à lui,
comme des armes belles seront à lui,
telles qu'ensuite quelqu'un (chacun)
des hommes nombreux,
qui *les* aura vues,
les admirera. »
Ayant dit ainsi,
il laissa là celle-ci à la vérité,
et alla vers *ses* soufflets ;
et il tourna ceux-ci vers le feu,
et *leur* ordonna d'agir.
Or tous les soufflets
soufflaient dans vingt fourneaux,
faisant-sortir un souffle différent
qui-enflamme-aisément,
pour aider *lui*
tantôt à la vérité s'empressant,
tantôt au contraire *ne s'empressant pas*,
selon que Vulcain *le* voulait,
et *que* l'ouvrage s'achevait.
Et il jetait dans le feu
l'airain indomptable et l'étain,
et l'or précieux et l'argent ;
et ensuite il plaça sur le billot
une grande enclume ;
et il prit d'une main
un marteau solide,
et il prit de l'autre une pince-à-feu.
Or il faisait tout-d'abord
un bouclier et grand et solide,
le travaillant-avec-art de-tous-côtés,

πάντοσε δαιδάλλων, περὶ δ' ἄντυγα βάλλε φαεινὴν,
τρίπλακα, μαρμαρέην, ἐκ δ' ἀργύρεον τελαμῶνα.
Πέντε δ' ἄρ' αὐτοῦ ἔσαν σάκεος πτύχες· αὐτὰρ ἐν αὐτῷ
ποίει δαίδαλα πολλὰ ἰδυίῃσι πραπίδεσσιν.

Ἐν μὲν γαῖαν ἔτευξ', ἐν δ' οὐρανὸν, ἐν δὲ θάλασσαν,
ἠέλιόν τ' ἀκάμαντα, σελήνην τε πλήθουσαν,
ἐν δὲ τὰ τείρεα πάντα, τά τ' οὐρανὸς ἐστεφάνωται,
Πληϊάδας θ' Ὑάδας τε¹, τό τε σθένος Ὠρίωνος,
Ἄρκτον θ'², ἣν καὶ Ἄμαξαν ἐπίκλησιν καλέουσιν,
ἥ τ' αὐτοῦ στρέφεται, καί τ' Ὠρίωνα δοκεύει,
οἴη δ' ἄμμορός ἐστι λοετρῶν Ὠκεανοῖο.

Ἐν δὲ δύω ποίησε πόλεις μερόπων ἀνθρώπων
καλάς. Ἐν τῇ μέν ῥα γάμοι τ' ἔσαν εἰλαπίναι τε·
νύμφας δ' ἐκ θαλάμων, δαΐδων ὕπο λαμπομενάων,
ἠγίνεον ἀνὰ ἄστυ· πολὺς δ' ὑμέναιος ὀρώρει·
κοῦροι δ' ὀρχηστῆρες ἐδίνεον, ἐν δ' ἄρα τοῖσιν
αὐλοὶ φόρμιγγές τε βοὴν ἔχον· αἱ δὲ γυναῖκες

l'entoure d'un triple cercle dont l'éclat brille et rayonne, et y attache une courroie d'argent. Cinq lames forment le bouclier, et Vulcain y trace de sa main industrieuse mille dessins variés.

Il y représente la terre, le ciel, la mer, le soleil infatigable, la lune dans son plein, et tous les astres qui forment la couronne céleste : les Pléiades, les Hyades, le rigoureux Orion, et l'Ourse, qu'on appelle aussi le Chariot, qui tourne toujours dans le même lieu, regarde Orion, et seule ne se plonge pas dans les flots de l'Océan.

Il représente deux villes magnifiques et populeuses. Dans l'une on célèbre des mariages et l'on donne de splendides festins; à la lueur des flambeaux, on conduit les fiancées hors de leurs appartements, à travers la ville; de toutes parts retentissent les chants de l'hyménée; les jeunes gens exécutent des danses gracieuses; au milieu d'eux, les flûtes et les lyres font entendre d'harmonieux accords, et

ILIADE, XVIII.

περίβαλλε δὲ
ἄντυγα φαεινὴν,
τρίπλακα, μαρμαρέην,
ἐκ δὲ τελαμῶνα
ἀργύρεον.
Πέντε δὲ ἄρα πτύχες
ἔσαν σάκεος αὐτοῦ·
αὐτὰρ ποίει ἐν αὐτῷ
δαίδαλα πολλὰ
πραπίδεσσιν ἰδυίῃσιν.
Ἐν μὲν ἔτευξε γαῖαν,
ἐν δὲ οὐρανὸν,
ἐν δὲ θάλασσαν,
ἠέλιόν τε ἀκάμαντα,
σελήνην τε πλήθουσαν,
ἐν δὲ πάντα τὰ τείρεα,
τάτε οὐρανὸς ἐστεφάνωται,
Πληϊάδας τε Ὑάδας τε,
τό τε σθένος Ὠρίωνος,
Ἄρκτον τε, ἣν καὶ
καλέουσιν Ἄμαξαν ἐπίκλησιν,
ἥτε στρέφεται αὐτοῦ,
καί τε δοκεύει Ὠρίωνα,
οἴη δέ ἐστιν ἄμμορος
λοετρῶν Ὠκεανοῖο.
Ἐν δὲ ποίησε
δύω καλὰς πόλεις
ἀνθρώπων μερόπων.
Ἐν τῇ μὲν ῥα ἔσαν
γάμοι τε εἰλαπίναι τε·
ἤγινεον δὲ νύμφας
ἐκ θαλάμων
ἀνὰ ἄστυ,
ὑπὸ δαΐδων λαμπομενάων·
ὑμέναιος δὲ πολὺς
ὀρώρει·
κοῦροι δὲ ὀρχηστῆρες ἐδίνεον,
αὐλοὶ δὲ ἄρα φόρμιγγές τε
ἔχον βοὴν
ἐν τοῖσιν·

et il mettait-tout-autour
un cercle éclatant,
triple, rayonnant,
et y *attachait* une courroie
d'argent.
Or donc cinq plis (couches)
étaient du (au) bouclier lui-même;
et il faisait sur celui-ci
des ornements nombreux
dans son esprit habile.
Dessus à la vérité il forgea la terre,
et dessus, le ciel,
et dessus, la mer,
et le soleil infatigable,
et la lune pleine,
et dessus *il forgea* tous les astres,
dont le ciel est couronné,
et les Pléiades et les Hyades,
et la force d'Orion,
et l'Ourse, laquelle aussi
on appelle Chariot par surnom,
laquelle tourne dans-le-même-lieu,
et regarde Orion,
et *laquelle* seule est privée
des bains de l'Océan.
Et dessus il fit
deux belles villes
d'hommes à-voix-articulée.
Dans l'une d'elles étaient
et des noces et les festins;
et on conduisait les fiancées
hors de *leurs* appartements
à travers la ville,
avec des torches allumées;
et un chant-nuptial nombreux
s'élevait (se faisait entendre);
et de jeunes danseurs tournaient,
et donc des flûtes et des lyres
avaient (rendaient) un son
au milieu d'eux;

ἱστάμεναι θαύμαζον ἐπὶ προθύροισιν ἑκάστη.
Λαοὶ δ' εἰν ἀγορῇ ἔσαν ἀθρόοι· ἔνθα δὲ νεῖκος
ὠρώρει· δύο δ' ἄνδρες ἐνείκεον εἵνεκα ποινῆς
ἀνδρὸς ἀποφθιμένου· ὁ μὲν εὔχετο πάντ' ἀποδοῦναι,
δήμῳ πιφαύσκων· ὁ δ' ἀναίνετο μηδὲν ἑλέσθαι. 500
Ἄμφω δ' ἱέσθην ἐπὶ ἴστορι πεῖραρ ἑλέσθαι.
Λαοὶ δ' ἀμφοτέροισιν ἐπήπυον, ἀμφὶς ἀρωγοί·
κήρυκες δ' ἄρα λαὸν ἐρήτυον· οἱ δὲ γέροντες
εἵατ' ἐπὶ ξεστοῖσι λίθοις, ἱερῷ ἐνὶ κύκλῳ·
σκῆπτρα δὲ κηρύκων ἐν χέρσ' ἔχον ἠεροφώνων· 505
τοῖσιν ἔπειτ' ἤϊσσον, ἀμοιβηδὶς δὲ δίκαζον.
Κεῖτο δ' ἄρ' ἐν μέσσοισι δύω χρυσοῖο τάλαντα,
τῷ δόμεν ὃς μετὰ τοῖσι δίκην ἰθύντατα εἴποι.

Τὴν δ' ἑτέρην πόλιν ἀμφὶ δύω στρατοὶ εἵατο λαῶν,
τεύχεσι λαμπόμενοι. Δίχα δέ σφισιν ἥνδανε βουλή, 510

les femmes, debout devant leurs portes, admirent ce spectacle. Sur la place publique la foule est rassemblée; une dispute vient de s'engager; deux hommes se querellent pour le rachat d'un meurtre: l'un affirme avoir tout payé et le déclare au peuple; l'autre prétend n'avoir rien reçu. Tous deux désirent voir terminer leur différend devant un juge. Les citoyens, prenant parti pour l'un ou pour l'autre, poussent des cris approbateurs, et les hérauts contiennent le peuple. Les juges sont assis sur des pierres polies, dans une auguste enceinte; ils tiennent dans leurs mains les sceptres des hérauts à la voix retentissante; c'est avec ces sceptres qu'ils se lèvent et prononcent tour à tour leur sentence. Au milieu de l'assemblée sont deux talents d'or destinés à celui qui aura le mieux prouvé la justice de sa cause.

Autour de l'autre ville campent deux armées, toutes resplendissantes sous l'éclat des armes. Les guerriers agitent un double projet:

αἱ δὲ γυναῖκες θαύμαζον	et les femmes admiraient tout
ἱστάμεναι	se tenant
ἑκάστη ἐπὶ προθύροισιν.	chacune sur leurs vestibules.
Ἐν δὲ ἀγορῇ	Et sur la place publique [breux);
ἦσαν λαοὶ ἀθρόοι·	étaient des hommes serrés (nom-
ἔνθα δὲ νεῖκος ὠρώρει·	or là une querelle s'était élevée ;
δύο δὲ ἄνδρες ἐνείκεον	et deux hommes se querellaient
ἕνεκα ποινῆς	à cause de la rançon
ἀνδρὸς ἀποφθιμένου·	pour un homme ayant été tué ;
ὁ μὲν εὔχετο ἀποδοῦναι πάντα,	l'un affirmait avoir donné tout,
πιφαύσκων δήμῳ·	le déclarant au peuple ;
ὁ δὲ ἠναίνετο μηδὲν ἑλέσθαι.	l'autre niait avoir rien pris (reçu).
Ἄμφω δὲ ἱέσθην	Or tous-deux désiraient [pute
πεῖραρ ἑλέσθαι	prendre (mettre) un terme à la dis-
ἐπὶ ἴστορι.	devant un arbitre.
Λαοὶ δὲ	Et les hommes
ἐπήπυον	poussaient-des-acclamations
ἀμφοτέροισιν,	pour l'un-et-l'autre,
ἀρωγοὶ ἀμφίς·	défenseurs des-deux-côtés ;
κήρυκες δὲ ἄρα	et les hérauts donc
ἐρήτυον λαόν·	calmaient le peuple ;
οἱ δὲ γέροντες εἵατο	et les vieillards (juges) étaient assis
ἐπὶ λίθοις ξεστοῖσιν,	sur des pierres polies,
ἐπὶ κύκλῳ ἱερῷ·	dans une enceinte sacrée ;
ἔχον δὲ ἐν χερσὶ	et ils avaient dans les mains
σκῆπτρα κηρύκων	les sceptres des hérauts
ἠεροφώνων·	à-la-voix-retentissante ;
ἔπειτα ἤϊσσον	ensuite ils se levaient
τοῖσι,	avec ces sceptres,
ἄμαζον δὲ ἀμοιβηδίς.	et prononçaient chacun à-leur-tour.
Ἐν δὲ ἄρα μέσσοισι	Or donc dans le-milieu d'eux
κεῖτο δύω τάλαντα χρυσοῖο,	étaient placés deux talents d'or,
δόμεν τῷ ὃς μετὰ τοῖσιν	pour les donner à celui qui parmi eux
εἴποι δίκην	dirait la justice (exposerait sa cause)
ἰθύντατα.	le plus droitement.
Ἀμφὶ δὲ τὴν ἑτέρην πόλιν	Mais autour de l'autre ville (mes,
εἵατο δύω στρατοὶ λαῶν,	étaient assises deux armées d'hom-
λαμπόμενοι τεύχεσι.	brillant par les armes.
Βουλὴ δὲ δίχα	Et un avis de-deux-façons-différentes
ἥνδανέ σφισιν,	plaisait à eux,

ἠὲ διαπραθέειν, ἢ ἄνδιχα πάντα δάσασθαι,
κτῆσιν ὅσην πτολίεθρον ἐπήρατον ἐντὸς ἐέργει·
οἱ δ' οὔπω πείθοντο, λόχῳ δ' ὑπεθωρήσσοντο.
Τεῖχος μέν ῥ' ἄλοχοί τε φίλαι καὶ νήπια τέκνα
ῥύατ', ἐφεσταότες, μετὰ δ' ἀνέρες, οὓς ἔχε γῆρας· 515
οἱ δ' ἴσαν· ἦρχε δ' ἄρα σφιν Ἄρης καὶ Παλλὰς Ἀθήνη,
ἄμφω χρυσείω, χρύσεια δὲ εἵματα ἕσθην,
καλὼ καὶ μεγάλω σὺν τεύχεσιν, ὥστε θεώ περ,
ἀμφὶς ἀριζήλω· λαοὶ δ' ὑπολίζονες ἦσαν.
Οἱ δ' ὅτε δή ῥ' ἵκανον ὅθι σφίσιν εἶκε λοχῆσαι, 520
ἐν ποταμῷ, ὅθι τ' ἀρδμὸς ἔην πάντεσσι βοτοῖσιν,
ἔνθ' ἄρα τοίγ' ἵζοντ', εἰλυμένοι αἴθοπι χαλκῷ.
Τοῖσι δ' ἔπειτ' ἀπάνευθε δύω σκοποὶ εἴατο λαῶν,
δέγμενοι ὁππότε μῆλα ἰδοίατο καὶ ἕλικας βοῦς.
Οἱ δὲ τάχα προγένοντο, δύω δ' ἅμ' ἕποντο νομῆες, 525

les uns veulent détruire la ville ; les autres, diviser également les richesses que renferme cette noble cité. Les assiégés, loin de se rendre, s'arment en secret pour une embuscade ; la garde des remparts est confiée aux épouses chéries, aux jeunes enfants et aux hommes qu'accable la vieillesse ; puis les combattants sortent de la ville ; à leur tête s'avancent Mars et Minerve, d'or tous deux, et revêtus de tuniques d'or, tous deux superbes et imposants avec leurs armes, comme il convient à des divinités, et visibles à tous les regards : les guerriers sont moins grands que les dieux. Arrivés dans un endroit favorable à l'embuscade, près du fleuve où les troupeaux viennent se désaltérer, ils s'y arrêtent, tout couverts de l'airain étincelant. Plus loin ils placent deux sentinelles, chargées d'épier le moment où paraîtront les brebis et les bœufs aux cornes recourbées. Bientôt les troupeaux s'avancent, suivis de deux bergers qui charment leurs

ἢ διαπραθέειν,	ou de la détruire,
ἢ δάσασθαι πάντα ἄνδιχα,	ou de diviser tout en-deux-parties,
κτῆσιν ὅσην ἔεργει ἐντὸς	les biens que renferme en-dedans
πτολίεθρον ἐπήρατον·	cette ville agréable ;
οἱ δὲ	mais ceux-là (les assiégés)
οὔπω πείθοντο,	ne cédaient nullement,
ὑπεθωρήσσοντο δὲ	et s'armaient-en-secret
λόχῳ.	pour une embuscade.
Ἄλοχοι μέν ῥά τε φίλαι	Les épouses chéries donc à la vérité
καὶ τέκνα νήπια	et les enfants tout-petits
ῥύατο τεῖχος, ἐφεσταότες,	défendaient le mur, se tenant-dessus,
μετὰ δὲ ἀνέρες,	et parmi eux les hommes,
οὓς γῆρας ἔχεν·	que la vieillesse tenait ;
οἱ δὲ ἴσαν·	et ceux-ci (les guerriers) s'avancèrent :
Ἄρης δὲ ἄρα καὶ Παλλὰς Ἀθήνη,	or donc Mars et Pallas Minerve,
ἄμφω χρυσείω,	tous-deux d'-or, [daient],
ἦρχέ σφιν,	marchaient-devant eux (les gui-
ἔσθην δὲ	et ils étaient revêtus
εἵματα χρύσεια,	de vêtements d'-or,
καλὼ καὶ μεγάλω	tous deux beaux et grands
σὺν τεύχεσιν,	avec leurs armes,
ὥστε θεώ περ,	comme des dieux du moins,
ἀμφαλήλω ἀμφίς·	très-apparents de-part-et-d'autre ;
λαοὶ δὲ ἦσαν ὑπολίζονες.	et les hommes étaient plus petits.
Ὅτε δὲ δή ῥα οἱ ἵκανον	Or lorsque donc ceux-ci furent arrivés
ὅθι εἰκέ σφισι	là où il paraissait-bon à eux
λοχῆσαι,	de dresser-des-embûches,
ἐν ποταμῷ,	sur (près) d'un fleuve,
ὅθι τε ἔην ἀρδμὸς	où était un abreuvoir
πάντεσσι βοτοῖσι,	pour tous les troupeaux,
τόφε ἴζοντο ἄρα ἔνθα,	ceux-ci s'assirent donc là,
εἰλυμένοι χαλκῷ αἴθοπι.	étant enveloppés d'un airain brillant.
Ἔπειτα δὲ ἀπάνευθε λαῶν	Et ensuite à l'écart des troupes
εἴατο τοῖσι	étaient assis pour eux
δύω σκοποί, δέγμενοι	deux observateurs, épiant
ὁππότε ἰδοίατο μῆλα	quand ils verraient les brebis
καὶ βοῦς ἕλικας.	et les bœufs aux-cornes-tortues.
Οἱ δὲ προγένοντο τάχα,	Or ceux-ci arrivèrent bientôt,
δύω δὲ νομῆες	et deux bergers
ἕποντο ἅμα,	suivaient en-même-temps,

τερπόμενοι σύριγξι· δόλον δ' οὔτι προνόησαν.
Οἱ μὲν τὰ προϊδόντες ἐπέδραμον, ὦκα δ' ἔπειτα
τάμνοντ' ἀμφὶ βοῶν ἀγέλας καὶ πώεα καλὰ
ἀργεννῶν οἴων· κτεῖνον δ' ἐπὶ μηλοβοτῆρας.
Οἱ δ' ὡς οὖν ἐπύθοντο πολὺν κέλαδον παρὰ βουσίν, 530
εἰράων προπάροιθε καθήμενοι, αὐτίκ' ἐφ' ἵππων
βάντες ἀερσιπόδων μετεκίαθον, αἶψα δ' ἵκοντο.
Στησάμενοι δ' ἐμάχοντο μάχην ποταμοῖο παρ' ὄχθας,
βάλλον δ' ἀλλήλους χαλκήρεσιν ἐγχείῃσιν.
Ἐν δ' Ἔρις, ἐν δὲ Κυδοιμὸς ὁμίλεον, ἐν δ' ὀλοὴ Κήρ, 535
ἄλλον ζωὸν ἔχουσα νεούτατον, ἄλλον ἄουτον,
ἄλλον τεθνηῶτα κατὰ μόθον ἕλκε ποδοῖιν·
εἷμα δ' ἔχ' ἀμφ' ὤμοισι δαφοινεὸν αἵματι φωτῶν.
Ὡμίλευν δ', ὥστε ζωοὶ βροτοὶ ἠδ' ἐμάχοντο,
νεκρούς τ' ἀλλήλων ἔρυον κατατεθνηῶτας. 540

loisirs au son de la flûte, sans soupçonner le piége. A cette vue, les guerriers accourent et immolent les bœufs et les superbes troupeaux de blanches brebis ; ils immolent aussi les bergers. Les assiégeants, qui se trouvaient réunis pour le conseil, entendent cet effroyable tumulte; ils partent, montés sur leurs rapides chevaux, et sont bientôt arrivés. Alors s'engage sur les bords du fleuve une lutte acharnée, et de part et d'autre les combattants se frappent de leurs lances à la pointe d'airain. Dans la mêlée s'agitent la Discorde et le Tumulte ; et la Parque cruelle, tenant un guerrier blessé qui respire encore, un autre que le fer a épargné, en tire un autre par les pieds à travers le champ de bataille ; elle porte sur ses épaules un manteau souillé de sang humain. Tous se heurtent et combattent, comme des hommes vivants ; et on les voit, des deux côtés, emporter les morts.

τερπόμενοι σύριγξιν·	se charmant par la flûte ;
οὔτι δὲ προνόησαν δόλον.	et ils ne prévirent nullement la ruse.
Οἱ μὲν	Ceux-là (les assiégés) à la vérité
ἐπέδραμον	accoururent
προϊδόντες τὰ,	ayant aperçu ces choses,
ἔπειτα δὲ ὦκα ἀμφιτάμνοντο	et ensuite aussitôt ils immolaient
ἀγέλας βοῶν	les troupeaux de bœufs
καὶ καλὰ πώεα	et les beaux troupeaux
ἀργεννῶν ὀΐων·	de blanches brebis;
κτεῖνον δὲ ἐπὶ μηλοβοτῆρας.	et ils tuaient en outre les bergers.
Ὡς δὲ οὖν οἱ,	Or lorsque donc ceux-là (les assié-
καθήμενοι	étant assis [geants],
προπάροιθεν εἰράων,	devant l'assemblée,
ἐπύθοντο κέλαδον πολὺν	eurent entendu un tumulte grand
παρὰ βουσὶ,	auprès des bœufs,
μετεπίσθον αὐτίκα	ils partirent aussitôt
βάντες	étant montés
ἐπὶ ἵππων ἀερσιπόδων,	sur leurs chevaux rapides,
ἵοντο δὲ αἶψα.	et ils arrivèrent bientôt.
Στησάμενοι δὲ	Et s'étant tenus
παρὰ ὄχθας ποταμοῖο	sur les bords du fleuve
ἐμάχοντο μάχην,	ils engageaient le combat,
βάλλον δὲ ἀλλήλους	et se frappaient les-uns-les-autres
ἐγχείῃσι χαλκήρεσιν.	avec des lances garnies-d'airain.
Ἐν δὲ ὅμιλεον Ἔρις,	Or parmi eux se trouvaient la Dis-
ἐν δὲ Κυδοιμὸς,	et parmi eux le Tumulte, [corde,
ἐν δὲ Κὴρ ὀλοὴ,	et parmi eux la Parque funeste,
ἔχουσα ἄλλον ζωὸν	tenant un homme vivant
νεούτατον,	nouvellement-blessé,
ἄλλον ἄουτον,	un autre non-blessé,
ἕλκε ποδοῖιν	traînait par les pieds
κατὰ μόθον	à travers le combat
ἄλλον τεθνηῶτα·	un autre étant mort ;
εἶχε δὲ ἀμφὶ ὤμοισιν	et elle avait autour des épaules
εἷμα δαφοινεὸν	un vêtement tout-ensanglanté
αἵματι φωτῶν.	par le sang des hommes.
Ὡμίλευν δὲ,	Et ils se rencontraient,
ὥστε βροτοὶ ζωοὶ,	comme des mortels vivants,
ἠδὲ ἐμάχοντο, ἐρυόν τε	et combattaient, et entraînaient
νεκροὺς κατατεθνηῶτας ἀλλήλων.	les cadavres morts les-uns-des-autres.

Ἐν δ' ἐτίθει νειὸν μαλακὴν, πίειραν ἄρουραν,
εὐρεῖαν, τρίπολον· πολλοὶ δ' ἀροτῆρες ἐν αὐτῇ
ζεύγεα δινεύοντες ἐλάστρεον ἔνθα καὶ ἔνθα.
Οἱ δ' ὁπότε στρέψαντες ἱκοίατο τέλσον ἀρούρης,
τοῖσι δ' ἔπειτ' ἐν χερσὶ δέπας μελιηδέος οἴνου 545
δόσκεν ἀνὴρ ἐπιών· τοὶ δὲ στρέψασκον ἀν' ὄγμους,
ἱέμενοι νειοῖο βαθείης τέλσον ἱκέσθαι.
Ἡ δὲ μελαίνετ' ὄπισθεν, ἀρηρομένῃ δὲ ἐῴκει,
χρυσείη περ ἐοῦσα· τὸ δὴ πέρι θαῦμα τέτυκτο.

Ἐν δ' ἐτίθει τέμενος βαθυλήϊον· ἔνθα δ' ἔριθοι 550
ἤμων, ὀξείας δρεπάνας ἐν χερσὶν ἔχοντες.
Δράγματα δ' ἄλλα μετ' ὄγμον ἐπήτριμα πῖπτον ἔραζε,
ἄλλα δ' ἀμαλλοδετῆρες ἐν ἐλλεδανοῖσι δέοντο.
Τρεῖς δ' ἄρ' ἀμαλλοδετῆρες ἐφέστασαν· αὐτὰρ ὄπισθε
παῖδες δραγμεύοντες, ἐν ἀγκαλίδεσσι φέροντες, 555
ἀσπερχὲς πάρεχον· βασιλεὺς δ' ἐν τοῖσι σιωπῇ

Vulcain trace encore une vaste jachère, dont le terrain gras et fertile est travaillé trois fois; de nombreux laboureurs vont et viennent sans cesse en faisant retourner leur attelage. Lorsqu'ils sont arrivés à l'extrémité du champ, un serviteur leur remet une coupe pleine d'un vin délicieux; puis ils retournent à leurs sillons, impatients d'arriver au bout de la vaste jachère. Quoique la terre soit d'or, on la voit, par un prodige de l'art, se noircir comme celle d'un champ nouvellement labouré.

Il représente encore un champ couvert d'une riche récolte; là moissonnent des ouvriers, tenant dans leurs mains des faucilles tranchantes. Les épis nombreux tombent à terre en javelles le long des sillons; on resserre les gerbes dans des liens. Il y a trois botteleurs, et derrière eux des enfants ramassent les gerbes, les portent dans leurs bras et les leur présentent sans relâche. Au milieu de ses serviteurs, le maître, debout sur ses fertiles sillons, tient son sceptre en silence,

ILIADE, XVIII.

Ἐν δὲ ἐτίθει
νειὸν μαλακήν,
πίειραν ἄρουραν,
εὐρεῖαν, τρίπολον·
ἐν δὲ αὐτῇ
ἀροτῆρες πολλοὶ
ἐπεύοντες ζεύγεα
ἔλαστρεον ἔνθα καὶ ἔνθα.
Ὁπότε δὲ οἱ στρέψαντες
ἱκοίατο τέλσον ἀρούρης,
ἔπειτα δὲ ἀνὴρ ἐπιὼν
δόσκε τοῖσιν ἐν χερσὶ
δέπας
οἴνου μελιηδέος·
οἱ δὲ στρέψασκον
ἀνὰ ὄγμους,
ἱέμενοι ἱκέσθαι τέλσον
νειοῖο βαθείης.
Ἡ δὲ μελαίνετο ὄπισθεν,
ἀρηρομένη δὲ ἐῴκει,
χρυσείη περ ἐοῦσα·
τὸ δὴ περὶ
τέτυκτο θαῦμα.

Ἐν δὲ ἐτίθει
τέμενος βαθυλήϊον·
ἔνθα δὲ ἔριθοι ἤμων,
ἔχοντες ἐν χερσὶ
δρεπάνας ὀξείας.
Δράγματα δὲ πῖπτον ἐπήτριμα
ἄλλα ἔραζε μετὰ ὄγμον,
ἀμαλλοδετῆρες δὲ
δέοντο ἄλλα ἐν ἐλλεδανοῖσι.
Τρεῖς δὲ ἄρα ἀμαλλοδετῆρες
ἐφέστασαν·
αὐτὰρ ὄπισθε
παῖδες δραγμεύοντες,
φέροντες ἐν ἀγκαλίδεσσι,
πάρεχον ἀσπερχές·
βασιλεὺς δὲ ἑστήκει ἐν τοῖσιν
ἐπὶ ὄγμου,

Et dessus il plaça (il grava)
une terre-labourée molle,
champ gras (fertile),
vaste, retourné-trois-fois;
et dans celle-ci
des laboureurs nombreux
faisant-tourner le joug (l'attelage)
le poussaient ici et là.
Et lorsque ceux-ci l'ayant tourné
arrivaient à la limite du champ,
alors ensuite un homme étant venu
donnait à eux dans les mains
une coupe
d'un vin doux-comme-miel;
et ceux-ci se tournaient
vers *leurs* sillons,
désirant arriver à la limite
du labour profond.
Or celui-ci se noircissait par-derrière,
et ressemblait, quoique étant d'-or,
à une *terre* labourée;
cela certes par-dessus *tout*
était une merveille.

Et dessus il plaça
un champ aux-profondes-moissons;
et là des ouvriers moissonnaient,
ayant dans *leurs* mains
des faucilles aiguës.
Or les gerbes tombaient nombreuses
les unes à terre le long du sillon,
et des botteleurs
attachaient les autres dans des liens.
Et donc trois botteleurs
se tenaient-à-côté;
et par-derrière
des enfants ramassant-les-gerbes,
les portant dans *leurs* bras,
les présentaient sans-relâche;
et le roi (maître) se tenait au milieu
sur la rangée-des-gerbes,   [d'eux

σκῆπτρον ἔχων ἑστήκει ἐπ' ὄγμου γηθόσυνος κῆρ.
Κήρυκες δ' ἀπάνευθεν ὑπὸ δρυΐ δαῖτα πένοντο,
βοῦν δ' ἱερεύσαντες μέγαν ἄμφεπον· αἱ δὲ γυναῖκες,
δεῖπνον ἐρίθοισιν, λεύκ' ἄλφιτα πολλὰ πάλυνον.

Ἐν δ' ἐτίθει σταφυλῇσι μέγα βρίθουσαν ἀλωὴν,
καλὴν, χρυσείην· μέλανες δ' ἀνὰ βότρυες ἦσαν·
ἑστήκει δὲ κάμαξι διαμπερὲς ἀργυρέῃσιν.
Ἀμφὶ δὲ, κυανέην κάπετον, περὶ δ' ἕρκος ἔλασσε
κασσιτέρου· μία δ' οἴη ἀταρπιτὸς ἦεν ἐπ' αὐτὴν,
τῇ νίσσοντο φορῆες, ὅτε τρυγόῳεν ἀλωήν.
Παρθενικαὶ δὲ καὶ ἠΐθεοι, ἀταλὰ φρονέοντες,
πλεκτοῖς ἐν ταλάροισι φέρον μελιηδέα καρπόν.
Τοῖσιν δ' ἐν μέσσοισι πάϊς φόρμιγγι λιγείῃ
ἱμερόεν κιθάριζε· Λίνον δ' ὑπὸ καλὸν ἄειδε
λεπταλέῃ φωνῇ· τοὶ δὲ ῥήσσοντες ἁμαρτῇ
μολπῇ τ' ἰυγμῷ τε ποσὶ σκαίροντες ἕποντο.

Ἐν δ' ἀγέλην ποίησε βοῶν ὀρθοκραιράων·

et dans son cœur goûte une joie secrète. A l'écart, les hérauts préparent le repas sous un chêne; ils apprêtent un bœuf énorme qu'ils ont immolé; et les femmes saupoudrent les chairs d'une blanche farine pour le repas des moissonneurs.

Il représente aussi un beau vignoble d'or, surchargé de raisins; les grappes sont noires; partout les vignes sont soutenues par des échalas d'argent. A l'entour il trace une fosse profonde qu'il borde d'une haie d'étain; un seul sentier conduit à ce vignoble; c'est par ce sentier que passent les porteurs au temps de la vendange. Des jeunes filles et des jeunes gens, aux tendres pensées, portent dans des corbeilles tressées le doux fruit de la vigne. Au milieu d'eux un enfant fait entendre les doux accords de sa lyre harmonieuse, et de sa voix gracieuse il entonne l'hymne de Linus; les vendangeurs, frappant la terre en cadence d'un pied joyeux, l'accompagnent de leurs chants et de leurs cris.

Il figure un troupeau de bœufs aux cornes élevées; ces bœufs sont

ἔχων σκῆπτρον σιωπῇ, | ayant son sceptre en silence,
γηθόσυνος κῆρ. | joyeux dans son cœur.
Κήρυκες δὲ | Et les hérauts
τεῦχον δαῖτα | préparaient le repas
ἀπάνευθεν ὑπὸ δρυΐ, | à l'écart sous un chêne,
ἱερεύσαντες δὲ μέγαν βοῦν | et ayant immolé un grand bœuf
ἀμφεπον· | ils s'en occupaient ;
αἱ δὲ γυναῖκες πάλυνον | et les femmes mêlaient
πολλὰ ἄλφιτα λευκὰ, | beaucoup-de farine blanche,
δεῖπνον ἐρίθοισιν. | repas pour les ouvriers.

Ἐν δὲ ἐτίθει | Et dessus il plaça
ἀλωὴν καλὴν, χρυσείην, | un vignoble beau, d'-or,
βρίθουσαν μέγα σταφυλῇσιν· | chargé grandement de raisins ;
ἐν δὲ ἦσαν | et dans celui-ci étaient
βότρυες μέλανες· | des grappes noires ;
ἑστήκει δὲ | et il se tenait appuyé
κάμαξιν ἀργυρέῃσι | sur des échalas d'-argent
διαμπερές. | d'un-bout-à-l'autre.
ἀμφὶ δὲ ἔλασσε | Et tout-autour il traça
τάφρον κυανέην, | une fosse sombre (profonde),
περὶ δὲ ἕρκος κασσιτέρου· | et autour il traça une haie d'étain ;
μία δὲ οἴη ἀταρπιτός ἦεν | or un seul sentier était
ἐπ᾽ αὐτὴν, | vers celui-ci (ce vignoble),
τῇ νίσσοντο φορῆες, | celui par lequel allaient les porteurs,
ὅτε τρυγόῳεν ἀλωήν. | lorsqu'ils vendangeaient le vignoble.
Παρθενικαὶ δὲ καὶ ἠίθεοι, | Et des jeunes-filles et des jeunes-gens,
φρονέοντες ἀταλὰ, | ayant-des-pensées tendres,
φέρον καρπὸν μελιηδέα | portaient le fruit doux
ἐν ταλάροισι πλεκτοῖς. | dans des corbeilles tressées.
Ἐν δὲ μέσσοισι τοῖσι πάϊς | Et dans le-milieu d'eux un enfant
ἐφόρμιζεν ἱμερόεν | jouait un air agréable
φόρμιγγι λιγείῃ· | avec une lyre harmonieuse ;
λιναῦδε δὲ φωνῇ λεπταλέῃ | et il chantait d'une voix grêle
καλὸν Λίνον· | un beau chant de Linus ;
τοὶ δὲ ῥήσσοντες ἁμαρτῇ | et ceux-ci frappant ensemble la terre
ἕποντο | le suivaient (l'accompagnaient)
μολπῇ τε ἰυγμῷ τε | et par le chant et par les cris
σκαίροντες ποσίν. | en trépignant des pieds.

Ἐν δὲ ποίησεν ἀγέλην | Et dessus il fit un troupeau
βοῶν ὀρθοκραιράων· | de génisses aux-cornes-élevées ;

αἱ δὲ βόες χρυσοῖο τετεύχατο κασσιτέρου τε·
μυκηθμῷ δ' ἀπὸ κόπρου ἐπεσσεύοντο νομόνδε, 575
πὰρ ποταμὸν κελάδοντα, παρὰ ῥοδανὸν δονακῆα.
Χρύσειοι δὲ νομῆες ἅμ' ἐστιχόωντο βόεσσι,
τέσσαρες, ἐννέα δέ σφι κύνες πόδας ἀργοὶ ἕποντο.
Σμερδαλέω δὲ λέοντε δύ' ἐν πρώτῃσι βόεσσι
ταῦρον ἐρύγμηλον ἐχέτην· ὁ δὲ μακρὰ μεμυκὼς 580
ἕλκετο· τὸν δὲ κύνες μετεκίαθον ἠδ' αἰζηοί.
Τὼ μὲν ἀναρρήξαντε βοὸς μεγάλοιο βοείην,
ἔγκατα καὶ μέλαν αἷμα λαφύσσετον· οἱ δὲ νομῆες
αὔτως ἐνδίεσαν, ταχέας κύνας ὀτρύνοντες.
Οἱ δ' ἤτοι δακέειν μὲν ἀπετρωπῶντο λεόντων, 585
ἱστάμενοι δὲ μάλ' ἐγγὺς ὑλάκτεον, ἔκ τ' ἀλέοντο.

Ἐν δὲ νομὸν ποίησε περικλυτὸς Ἀμφιγυήεις,
ἐν καλῇ βήσσῃ, μέγαν οἰῶν ἀργεννάων,
σταθμούς τε κλισίας τε κατηρεφέας ἰδὲ σηκούς.

faits d'or et d'étain; ils se précipitent hors de l'étable en mugissant, pour se rendre au pâturage près d'un fleuve impétueux dont les rives bruyantes sont bordées de roseaux. Quatre bergers en or s'avancent avec les bœufs et sont suivis de neuf chiens agiles. Deux lions terribles saisissent, à la tête du troupeau, un taureau mugissant; l'animal est entraîné malgré ses horribles mugissements; les chiens et les jeunes bergers s'élancent à son secours. Mais les lions, après avoir déchiré la peau de cet énorme bœuf, se repaissent de ses entrailles et de son sang noir; c'est vainement que les bergers les poursuivent, en excitant leurs chiens rapides; car ceux-ci n'osent mordre les lions, mais ils aboient auprès d'eux et les évitent toujours.

L'illustre dieu boiteux représente, dans un délicieux vallon, une immense prairie où paissent de blanches brebis, des étables, des cabanes couvertes et des parcs.

αἱ δὲ βόες τετεύχατο
χρυσοῖο κασσιτέρου τε·
ἐπεσσεύοντο δὲ
μυκηθμῷ
ἐκ κόπρου νομόνδε,
πὰρ ποταμὸν κελάδοντα,
παρὰ δονακῆα
μάσπον.
Τέσσαρες δὲ νομῆες χρύσειοι
ἐστιχόωντο ἅμα βόεσσιν.
ἐννέα δὲ κύνες ἀργοὶ πόδας
ἕποντό σφιν.
Σμερδαλέω δὲ λέοντε
εἰχέτην ταῦρον ἐρύγμηλον
ἐν πρώτῃσι βόεσσιν·
ὃ δὲ ἕλκετο
μεμυκὼς μακρά·
κύνες δὲ ἠδὲ αἰζηοὶ
μετεκίαθον τόν.
Τὼ μὲν
ἀναρρήξαντε βοείην
μεγάλοιο βοὸς,
λαφύσσετον ἔγκατα
καὶ αἷμα μέλαν·
οἱ δὲ νομῆες
ὀτρύνουσαν αὔτως,
ἐνιέντες κύνας ταχέας.
Οἱ δ' ἤτοι μὲν
ἀπετρωπῶντο λεόντων
δακέειν,
ἱστάμενοι δὲ μάλα ἐγγὺς
ὑλάκτεον, ἐξαλέοντο δέ.
  Περικλυτὸς δὲ Ἀμφιγυήεις
ποίησεν ἐν,
ἐν καλῇ βήσσῃ,
μέγαν νομὸν
οἰῶν ἀργεννάων,
σταθμούς τε
κλισίας τε κατηρεφέας
ἠδὲ σηκούς.

et les génisses étaient fabriquées
d'or et d'étain ;
et elles s'élançaient
avec un mugissement
de l'étable au-pâturage,
auprès d'un fleuve retentissant,
auprès d'un lieu-plein-de-roseaux
bruyant.
Et quatre bergers d'-or
s'avançaient avec les génisses,
et neuf chiens agiles des pieds
suivaient elles.
Mais deux lions terribles
tenaient un taureau mugissant
parmi les premières génisses ;
or celui-ci était entraîné
mugissant au-loin (fortement) ;
et les chiens et les jeunes *bergers*
allaient-après lui.
Ceux-ci (les lions) à la vérité
ayant déchiré la peau
de ce grand bœuf,
avalaient *ses* entrailles
et *son* sang noir ;
mais les bergers
poursuivaient vainement,
excitant les chiens rapides.
Car ceux-ci certes à la vérité
se détournaient des lions
en *refusant* de mordre,
mais se tenant tout près
ils aboyaient, et *les* évitaient.
  Et l'illustre *dieu* boîteux
fit dessus,
dans un beau vallon,
un grand lieu-de-pâture
des (pour les) brebis blanches,
et des étables
et des cabanes couvertes
et des parcs.

Ἐν δὲ χορὸν ποίκιλλε περικλυτὸς Ἀμφιγυήεις,
τῷ ἴκελον οἷόν ποτ' ἐνὶ Κνωσῷ εὐρείῃ
Δαίδαλος ἤσκησεν καλλιπλοκάμῳ Ἀριάδνῃ.
Ἔνθα μὲν ἠίθεοι καὶ παρθένοι ἀλφεσίβοιαι
ὠρχεῦντ', ἀλλήλων ἐπὶ καρπῷ χεῖρας ἔχοντες.
Τῶν δ' αἱ μὲν λεπτὰς ὀθόνας ἔχον, οἱ δὲ χιτῶνας
εἴατ' ἐϋννήτους, ἦκα στίλβοντας ἐλαίῳ·
καί ῥ' αἱ μὲν καλὰς στεφάνας ἔχον, οἱ δὲ μαχαίρας
εἶχον χρυσείας ἐξ ἀργυρέων τελαμώνων.
Οἱ δ' ὁτὲ μὲν θρέξασκον ἐπισταμένοισι πόδεσσι
ῥεῖα μάλ', ὡς ὅτε τις τροχὸν ἄρμενον ἐν παλάμῃσιν
ἑζόμενος κεραμεὺς πειρήσεται, αἴ κε θέῃσιν·
ἄλλοτε δ' αὖ θρέξασκον ἐπὶ στίχας ἀλλήλοισι.
Πολλὸς δ' ἱμερόεντα χορὸν περιίσταθ' ὅμιλος,
τερπόμενοι· μετὰ δέ σφιν ἐμέλπετο θεῖος ἀοιδὸς,
φορμίζων· δοιὼ δὲ κυβιστητῆρε κατ' αὐτοὺς,
μολπῆς ἐξάρχοντος, ἐδίνευον κατὰ μέσσους.

L'illustre dieu boiteux trace encore avec art un chœur de danse, semblable à celui que jadis, dans la vaste Cnosse, Dédale forma pour Ariane à la belle chevelure. Là, des jeunes gens et des vierges attrayantes dansent en se tenant par la main. Celles-ci sont couvertes de voiles légers, ceux-là de tuniques dont le riche tissu brille comme le doux éclat de l'Huile; celles-ci portent de belles couronnes, ceux-là portent des glaives d'or supendus à des baudriers d'argent. Tantôt, d'un pied agile, les danseurs tournent aussi rapides que la roue du potier, lorsque de sa main il essaye si elle se meut aisément; tantôt ils sautent en ordre les uns devant les autres. La foule nombreuse qui les entoure admire ces danses gracieuses; au milieu d'eux, un chantre divin unit aux accents de sa voix les accords de sa lyre; et, lorsqu'il commence le chant, deux bateleurs s'agitent au milieu de l'assemblée.

Περικλυτὸς δὲ Ἀμφιγυήεις	Et l'illustre *dieu* boiteux
ποίκιλλεν ἐν	traça-avec-art sur *le bouclier*
χορόν, ἴκελον τῷ	un chœur, semblable à celui
οἷόν ποτ' ἐνὶ εὐρείῃ Κνωσῷ	que autrefois dans la vaste Cnosse
Δαίδαλος ἤσκησεν	Dédale arrangea
Ἀριάδνῃ καλλιπλοκάμῳ.	pour Ariane aux-belles-tresses.
Ἔνθα μὲν ἠΐθεοι	Là à la vérité des jeunes-gens
καὶ παρθένοι ἀλφεσίβοιαι	et des jeunes-filles très-recherchées
ὀρχεῦντο, ἔχοντες ἐπὶ καρπῷ	dansaient, tenant au poignet
χεῖρας ἀλλήλων.	les mains les-uns-des-autres.
Τῶν δ' αἱ μὲν	Or parmi eux celles-ci
ἔχον ὀθόνας λεπτάς,	avaient des voiles fins,
οἱ δὲ εἵατο	ceux-là étaient couverts
χιτῶνας εὐννήτους,	de vêtements bien-tissus,
ἦκα στίλβοντας ἐλαίῳ·	légèrement brillants d'huile:
καί ῥα αἱ μὲν ἔχον	et donc celles-ci avaient
καλὰς στεφάνας,	de belles couronnes,
οἱ δὲ εἶχον	et ceux-là avaient
μαχαίρας χρυσείας	des glaives d'-or
ἐκ τελαμώνων ἀργυρέων.	*attachés* à des baudriers d'-argent.
Οἱ δὲ ὁτὲ μὲν	Et ceux-ci tantôt à la vérité
θρέξασκον μάλα ῥεῖα	couraient très-facilement
πόδεσσιν ἐπισταμένοισιν,	de *leurs* pieds savants (exercés),
ὡς ὅτε τις κεραμεὺς ἑζόμενος	comme lorsqu'un potier étant assis
πειρήσεται τροχὸν	essaye sa roue
ἄρμενον ἐν παλάμῃσιν,	bien-adaptée aux mains,
αἴ κε θέῃσιν·	*pour voir si* elle court (tourne bien);
ἄλλοτε δ' αὖ	et tantôt d'un-autre-côté
θρέξασκον ἐπὶ στίχας	ils couraient par rangées
ἀλλήλοισιν.	les-uns-après-les-autres.
Ὅμιλος δὲ πολλὸς	Or une foule nombreuse
περίσταθ' χορὸν ἱμερόεντα,	se tenait-autour du chœur charmant,
τερπόμενοι·	se réjouissant;
μετὰ δέ σφιν ἐμέλπετο	et au milieu d'eux chantait
ἀοιδὸς θεῖος,	un chantre divin,
φορμίζων·	jouant-de-la-cithare;
δοιὼ δὲ κυβιστητῆρε,	et deux bateleurs,
ἐξάρχοντος μολπῆς,	*le chantre* commençant le chant,
ἐδίνευον κατὰ αὐτοὺς	s'agitaient parmi eux
κατὰ μέσσους.	dans le milieu.

4.

78 ΙΛΙΑΔΟΣ Σ.

Ἐν δ' ἐτίθει ποταμοῖο μέγα σθένος Ὠκεανοῖο,
ἄντυγα πὰρ πυμάτην σάκεος πύκα ποιητοῖο.

Αὐτὰρ ἐπειδὴ τεῦξε σάκος μέγα τε στιβαρόν τε,
τεῦξ' ἄρα οἱ θώρηκα, φαεινότερον πυρὸς αὐγῆς·
τεῦξε δέ οἱ κόρυθα βριαρὴν, κροτάφοις ἀραρυῖαν,
καλὴν, δαιδαλέην· ἐπὶ δὲ χρύσεον λόφον ἧκε·
τεῦξε δέ οἱ κνημῖδας ἑανοῦ κασσιτέροιο.

Αὐτὰρ ἐπεὶ πάνθ' ὅπλα κάμε κλυτὸς Ἀμφιγυήεις,
μητρὸς Ἀχιλλῆος θῆκε προπάροιθεν ἀείρας.
Ἡ δ', ἴρηξ ὣς, ἆλτο κατ' Οὐλύμπου νιφόεντος,
τεύχεα μαρμαίροντα παρ' Ἡφαίστοιο φέρουσα.

Enfin, il figure l'immensité de l'Océan aux extrémités de ce solide et merveilleux bouclier.

Lorsqu'il a terminé ce grand et magnifique ouvrage, il fait une cuirasse d'un éclat plus vif que l'éclat du feu ; il fabrique un casque solide qui doit s'adapter au front du héros, casque superbe, habilement travaillé, qu'il surmonte d'une aigrette d'or ; enfin, il façonne de belles cnémides avec un étain flexible.

A peine l'illustre dieu boiteux a-t-il achevé l'armure entière, qu'il la présente à la mère d'Achille. Thétis aussitôt s'élance, rapide comme l'épervier, du sommet neigeux de l'Olympe, emportant du palais de Vulcain ces armes étincelantes.

Ἐν δὲ ἐτίθει
σθένος μέγα Ὠκεανοῖο ποταμοῖο,
κὰρ ἄντυγα πυμάτην
σάκεος πύκα ποιητοῖο.

Αὐτὰρ ἐπειδὴ τεῦξε
σάκος μέγα τε στιβαρόν τε,
τεῦξεν ἄρα οἱ
θώρηκα,
φαεινότερον αὐγῆς πυρός·
τεῦξε δέ οἱ κόρυθα βριαρὴν,
κροτάφοις ἀραρυῖαν,
καλὴν, δαιδαλέην·
ἐπὶ δὲ
λόφον χρύσεον·
τεῦξε δέ οἱ κνημῖδας
ἑανοῦ κασσιτέροιο.

Αὐτὰρ ἐπεὶ κλυτὸς Ἀμφιγυήεις
κάμε πάντα ὅπλα,
θῆκεν ἀείρας
προπάροιθε μητρὸς Ἀχιλλῆος.
Ἡ δὲ, ὡς ἴρηξ,
ἆλτο κατ᾽ Οὐλύμπου νιφόεντος,
φέρουσα παρὰ Ἡφαίστοιο
τεύχεα μαρμαίροντα.

Et dessus il plaça
la force grande de l'Océan fleuve,
près de l'orbe extrême
du bouclier solidement fait.

Et après qu'il eut fabriqué
le bouclier et grand et solide,
il fabriqua donc à lui (à Achille)
une cuirasse,
plus brillante que l'éclat du feu;
et il fabriqua à lui un casque fort,
bien-adapté à ses tempes,
beau, artistement-travaillé;
et il mit-au-dessus
une aigrette d'-or;
et il fabriqua à lui des cnémides
d'un étain flexible.

Et lorsque l'illustre dieu boiteux
eut travaillé toutes ces armes,
il les plaça les ayant enlevées
devant la mère d'Achille.
Or celle-ci, comme un épervier,
s'élança de l'Olympe neigeux,
apportant de-chez Vulcain
ces armes resplendissantes.

NOTES

SUR LE DIX-HUITIÈME CHANT DE L'ILIADE.

Page 4 : 1. Ὤ μοι, Πηλέος υἱὲ δαΐφρονος,........

Voici les réflexions de Rollin sur ce chef-d'œuvre de concision oratoire :

« C'est avec raison qu'on propose ce petit discours comme un modèle parfait de la brièveté oratoire ; il n'est composé que de quatre vers. Par les deux premiers Antiloque prépare Achille à la triste nouvelle qu'il va lui apprendre, qui ne devait pas lui être annoncée brusquement, et il renferme dans les deux derniers tout ce qui est arrivé. Ce que j'y trouve de plus admirable, c'est le choix du mot dont il se sert pour annoncer cette nouvelle. Il ne dit point *Patrocle est mort*, comme on l'a traduit, et il n'est peut-être pas possible de le faire autrement. Il évite toutes les expressions qui porteraient avec elles une idée funeste et sanglante, comme seraient τέθνηκε, πέπταται, ἀνήρηται, et il substitue la plus douce qu'il était possible d'employer en cette occasion : κεῖται Πάτροκλος, *jacet Patroclus, Patrocle gît;* mais notre langue ne peut rendre cette beauté et cette délicatesse. On pourrait peut-être dire : *Patrocle n'est plus.* »

Page 6 : 1. Σμερδαλέον δ' ᾤμωξεν..........

Assise au milieu des Néréides, Cyrène gémit aussi du destin de son fils :

> At mater sonitum thalamo sub fluminis alti
> Sensit: eam circum Milesia vellera Nymphæ
> Carpebant, hyali saturo fucata colore,
> Drymoque, Xanthoque, Ligeaque, Phyllodoceque,
> Cæsariem effusæ nitidam per candida colla;
> Nesæe, Spioque, Thaliaque, Cymodoceque ;.

Cydippeque, et flava Lycorias, altera virgo,
Altera tum primos Lucinæ experta labores;
Clioque, et Beroe soror, Oceanitides ambæ;
Atque Ephyre, atque Opis, et Asia Deiopeia,
Et tandem positis velox Arethusa sagittis.

(Virg., *Géorgiques*, IV, 333.)

Page 10 : 1. ...... Περὶ δέ σφισι κῦμα θαλάσσης
ῥήγνυτο.........................

Les flots de la mer s'écartent devant elles.

Virgile a emprunté à Homère cette image de la séparation des vagues à l'approche des Néréides :

.... Simul alta jubet discedere latè
Flumina, quà juvenis gressus inferret........

(Virg., *Géorgiques*, IV, 358.)

Page 11 : 1. Ἀλλ' ἧμαι παρὰ νηυσίν, ἐτώσιον ἄχθος ἀρούρης.

Inutile fardeau de la terre, je suis resté près de mes vaisseaux.

Racine a fait passer dans notre langue cette heureuse expression :

Voudrais-je, de la terre inutile fardeau, etc.?

(*Iphigénie*, act. I, sc. 1.)

— 2. Ὡς, formule de prière ou d'imprécation, répond à *sic* en latin.

Sic tua Cyrneas fugiant examina taxos.

(Virg., *Bucoliques*, Éclog. IX, 30.)

Sic te Diva potens Cypri,
Sic fratres Helenæ, lucida sidera, etc....

(Hor., *Odes*, III, 1.)

Page 16 : 1. ...... φίλης κεφαλῆς ὀλετῆρα....

Le meurtrier d'une tête si chère.

J'ignore le destin d'une tête si chère.

(Rac., *Phèdre*, act. I, sc. 1, v. 6.)

Me puer Ascanius, capitisque injuria cari.

(Virg., *Énéide*, IV, 351.)

Page 20 : 1. Τρὶς δὲ δύ' Αἴαντες, θοῦριν ἐπιειμένοι ἀλκήν,....

Trois fois les deux Ajax revêtus d'une force impétueuse,....

Barnès fait remarquer que l'expression, *revêtus de force*, est familière aux écrivains sacrés, et il en cite des exemples :

« Le Seigneur règne, il s'est revêtu de gloire et de majesté; le Seigneur s'est revêtu de force. — Vous qui êtes revêtu de la lumière comme d'un vêtement. »

Page 21 : 1. « Ἶρι θεὰ, τίς γάρ σε θεῶν ἐμοὶ ἄγγελον ἧκε; »

« *Divine Iris, quelle divinité t'a donc envoyée vers moi?* »

Turnus dit de même :

« Iri, decus cœli, quis te mihi nubibus actam
Detulit in terras? »
(Virg., *Énéide*, IX, 18.)

Page 30 : 1. Ὄπα χάλκεον, *voix d'airain, vox ferrea*, comme l'a dit Virgile.

Page 32 : 1. Τοῖσι δὲ Πουλυδάμας;............

Virgile établit de même un rapport entre Mimas et Pâris :

Nec non Evanthen Phrygium, Paridisque Mimanta
Æqualem comitemque, unâ quem nocte Theano
In lucem genitori Amyco dedit, et face prægnans
Cisseïs regina Parin; Paris urbe paternâ
Occubat; ignarum Laurens habet ora Mimanta.
(Virg. *Énéide*, X, 702.)

Page 44 : 1. Αὐτὰρ ἐπειδὴ ζέσσεν ὕδωρ ἐνὶ ἤνοπι χαλκῷ,
καὶ τότε δὴ λοῦσάν τε, καὶ ἤλειψαν λίπ' ἐλαίῳ·
ἐν δ' ὠτειλὰς πλῆσαν ἀλείφατος ἐννεώροιο·

Lorsque l'airain brillant a retenti des bouillonnements de l'eau, ils lavent le corps, le frottent d'une huile épaisse, et versent sur les blessures du héros un baume vieux de neuf années.

Virgile, en parlant des funérailles de Misène, dit aussi :

Pars calidos latices et aheno undantia flammis
Expediunt, corpusque lavant frigentis et ungunt.
(Virg., *Énéide*, VI, 218.)

NOTES SUR LE XVIII° CHANT DE L'ILIADE.

Page 46 : 1. Πῶς δὴ ἔγωγ', ἥ φημι............

Virgile a imité ce passage, lorsqu'il nous dépeint Junon exaltant en termes pompeux la hauteur de son rang :

> Ast ego, quæ Divûm incedo regina, Jovisque
> Et soror et conjux, unâ cum gente tot annos
> Bella gero ! Et quisquam numen Junonis adoret
> Præterea, aut supplex aris imponat honorem ?
> (Virg., Énéide, I, 46.)

Page 58 : 1. Τοὔνεκα νῦν τὰ σὰ γούναθ' ἱκάνομαι,....

Je viens donc maintenant me jeter à tes genoux.

Virgile prête le même langage à Vénus :

> Ergo eadem supplex venio, et sanctum mihi numen
> Arma rogo, genitrix nato.
> (Virg., Énéide, VIII, 382.)

Page 60 : 1. Χαλκὸν δ' ἐν πυρὶ βάλλεν..........

Homère nous montre Vulcain lui-même occupé seul à son ouvrage immortel ; Virgile au contraire nous représente les Cyclopes travaillant au bouclier d'Énée, d'après les ordres du dieu :

> .... Fluit æs rivis aurique metallum,
> Vulnificusque chalybs vastâ fornace liquescit.
> Ingentem clypeum informant.
> (Virg., Énéide, VIII, 445.)

Page 62 : 1. Πληϊάδας θ' Ὑάδας τε,............

Ce passage a été fort bien rendu par Ovide :

> .... Neque enim clypei cælamina novit,
> Oceanum, et terras, cumque alto sidera cælo,
> Pleiadas, Hyadasque, immanemque æquoris Arcton.
> (Ovide, Métamorphoses, XIII, 291.)

— 2. Ἄρκτον θ',................

> Arctos Oceani metuentes æquore tingi.
> (Virg., Géorgiques, I, 246.)

Page 78 : 1. Αὐτὰρ ἐπειδὴ τεῦξε..............

Virgile dépeint ainsi les armes immortelles que Vénus vient d'apporter à Énée :

> Ille, Deæ donis et tanto lætus honore,
> Expleri nequit, atque oculos per singula volvit,
> Miraturque, interque manus et brachia versat
> Terribilem cristis galeam flammasque vomentem,
> Fatiferumque ensem, loricam ex ære rigentem,
> Sanguineam, ingentem; qualis, quum cærula nubes
> Solis inardescit radiis longèque refulget,
> Tum læves ocreas electro auroque recocto,
> Hastamque, et clypei non enarrabile textum.
>   (Virg., Énéide, VIII, 617.)

ARGUMENT ANALYTIQUE

DU DIX-NEUVIÈME CHANT DE L'ILIADE.

Au lever de l'aurore, Thétis apporte à son fils Achille les armes qu'a fabriquées Vulcain, et l'engage à se réconcilier avec Agamemnon. — Elle inonde le corps de Patrocle de nectar et d'ambroisie. — Achille réunit les Grecs; il leur déclare qu'il met fin à sa colère, et veut à l'instant voler sur le champ de bataille. — Agamemnon de son côté reconnaît ses torts; il offre à Achille les dons précieux qu'Ulysse a promis. — Achille, tout entier à sa vengeance, ne veut point différer le combat. — Il cède enfin aux conseils d'Ulysse qui l'avertit d'attendre que les guerriers aient pris leur repas. — En présence de l'assemblée, Achille reçoit les présents et Briséis. — Agamemnon jure que jamais il n'a porté la main sur la jeune captive. — Tous les dons sont transportés dans la tente d'Achille. — Là, les captives pleurent la mort de Patrocle. — Achille s'abandonne lui-même à la douleur; il refuse toute nourriture, et attend avec impatience le signal du combat. — Les Thessaliens se forment en phalanges. — Achille revêt l'armure de Vulcain, et monte sur son char avec Automédon. — Sourd à la voix de Xanthus, l'un de ses coursiers, qui lui présage une mort prochaine, il s'élance furieux au milieu des ennemis.

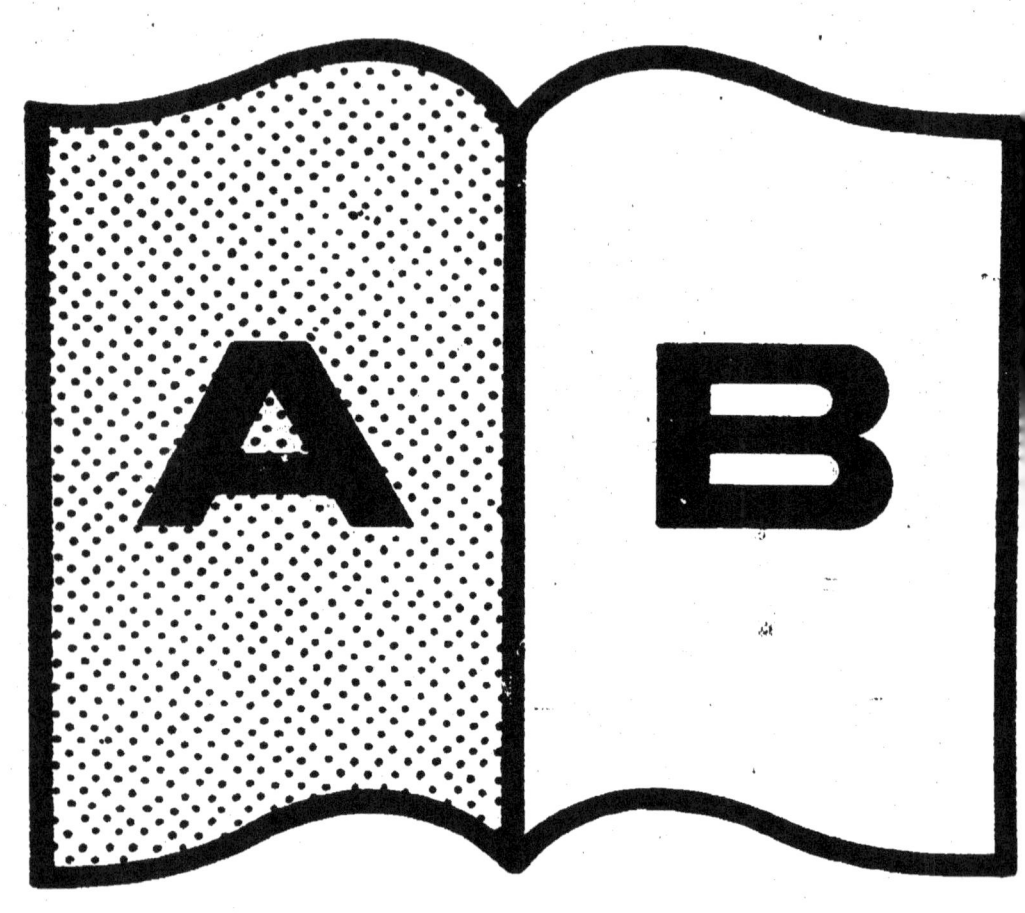

Contraste insuffisant

NF Z 43-120-14

www.ingramcontent.com/pod-product-compliance
Lightning Source LLC
LaVergne TN
LVHW052109090426
835512LV00035B/1450